"Cuide bem da sua figueira e você terá figos para comer."

Provérbios 27:18a (NTLH)

DICIONÁRIO SIMPLIFICADO DE DIREITO MUNICIPAL E ELEITORAL

DICIONÁRIO SIMPLIFICADO DE DIREITO MUNICIPAL E ELEITORAL

MARCOS RAMAYANA

AMILTON AUGUSTO

Niterói, RJ
2020

 © 2020, Editora Impetus Ltda.

Editora Impetus Ltda.
Rua Alexandre Moura, 51 – Gragoatá – Niterói – RJ
CEP: 24210-200 – Telefax: (21) 2621-7007

CONSELHO EDITORIAL:
ANA PAULA CALDEIRA • BENJAMIN CESAR DE AZEVEDO COSTA
CELSO JORGE FERNANDES BELMIRO • ED LUIZ FERRARI • EUGÊNIO ROSA DE ARAÚJO
FÁBIO ZAMBITTE IBRAHIM • FERNANDA PONTES PIMENTEL
IZEQUIAS ESTEVAM DOS SANTOS • MARCELO LEONARDO TAVARES
RENATO MONTEIRO DE AQUINO • ROGÉRIO GRECO
VITOR MARCELO ARANHA AFONSO RODRIGUES • WILLIAM DOUGLAS

PROJETO GRÁFICO: SBNIGRI ARTES & TEXTOS LTDA.
EDITORAÇÃO ELETRÔNICA: SBNIGRI ARTES & TEXTOS LTDA.
CAPA: BRUNA SOSSAI
REVISÃO DE PORTUGUÊS: C&C CRIAÇÕES E TEXTOS LTDA.
IMPRESSÃO E ENCADERNAÇÃO: EDITORA E GRÁFICA VOZES LTDA.

R165d
    Ramayana, Marcos.
        Dicionário simplificado de direito municipal e eleitoral / Marcos Ramayana, Amilton Augusto. – Niterói, RJ: Editora Impetus, 2020.
        128 p. ; 14 x 21 cm.

        Inclui bibliografia.
        ISBN: 978-85-299-0028-5

        1. Direito eleitoral – Dicionários. 2. Direito municipal – Dicionários. 3. Direito. I. Augusto, Amilton. II. Título.

CDU 342.8:352(038)

O autor é seu professor; respeite-o: não faça cópia ilegal.

TODOS OS DIREITOS RESERVADOS – É proibida a reprodução, salvo pequenos trechos, mencionando-se a fonte. A violação dos direitos autorais (Lei nº 9.610/1998) é crime (art. 184 do Código Penal). Depósito legal na Biblioteca Nacional, conforme Decreto nº 1.825, de 20/12/1907.

A Editora Impetus informa que quaisquer vícios do produto concernentes aos conceitos doutrinários, às concepções ideológicas, às referências, à originalidade e à atualização da obra são de total responsabilidade do autor/atualizador.

www.impetus.com.br

Dedicatórias

Dedico esta obra, feita a quatro mãos com meu querido amigo, Marcos Ramayana, em primeiro lugar a ele, pelo excepcional profissional e ser humano, de quem tive a honra de ser aluno e, hoje, um grande amigo. Dedico ao meu amado filho, Otávio, que me serve de inspiração e de força em todos os momentos do meu dia e é a luz que guia meu caminho, uma criança especial que será sempre meu grande e verdadeiro amor. Dedico aos meus amados pais, que muito incentivam e são minha fonte de repouso nos momentos de cansaço, aqueles que se esforçaram muito para que eu me tornasse quem sou hoje, meu alicerce. Dedico, também, aos meus padrinhos queridos, Rosângela Lyra e Laércio Vasconcelos, pessoas especiais que Deus colocou em meu caminho e que hoje são parte da minha família. Ainda dedico aos amigos e colegas que são fontes de inspiração e motivação no apoio e na busca do conhecimento que tanto anseio. Por fim, dedico aos irmãos que a vida me deu, pela fraternidade e aprendizado que comigo partilham, de modo justo e perfeito, a fim de auxiliar na evolução constante do meu ser.

Amilton

À minha esposa Lidia Maria e filhas Ana Luiza e Christiana com o eterno amor pela compreensão e carinho.

Marcos Ramayana

Os Autores

Marcos Ramayana

Professor de Direito Eleitoral na Fundação Escola Superior do Ministério Público, Escola de Direito do Ministério Público do Rio de Janeiro, Escola da Magistratura do Estado do Rio de Janeiro e convidado na Pontifícia Universidade Católica (PUC) e Fundação Getulio Vargas.

São de sua autoria os livros: *Código Eleitoral Comentado, Resumo de Direito Eleitoral, Questões Objetivas Comentadas e Discursivas Resolvidas de Direito Eleitoral* e *Legislação Eleitoral*.

O autor é Procurador de Justiça no Estado do Rio de Janeiro e já exerceu a função de Procurador do Estado de São Paulo, participou da Banca Examinadora do Concurso de Ingresso na Carreira do Ministério Público do Estado do Rio de Janeiro, auxiliou a Procuradoria Regional Eleitoral e coordenou por vários anos as Promotorias Eleitorais no Estado do Rio de Janeiro, atuando em diversas eleições.

Assista vídeoaulas de Direito Eleitoral:

www.professorramayana.com

Amilton Augusto

Advogado, especialista em Direito Administrativo e Eleitoral. Pós-graduado em Direito Processual Civil pela Universidade Gama Filho – Rio de Janeiro (UGF/RJ) e em Direito Público pelo Instituto Superior do Ministério Público (ISMP). Membro fundador da Academia Brasileira de Direito Eleitoral e Político (ABRADEP) (2015). Membro fundador da Instituição Brasileira de Direito Público (IBDPub) (2015). Membro fundador e ex-Secretário-Geral da Federação das Carteiras de Benefícios, Assistência e Defesa dos Advogados, Estagiários e Bacharéis do Estado de São Paulo (FECAASP) (2016-2018). Membro do Instituto Brasileiro de Compliance (IBC). Membro da Associação Brasileira de Advogados Criminalistas (ABRACRIM). Membro do Tribunal de Ética e Disciplina da OAB/RJ. Membro do Conselho Consultivo Sesi/Senai (FIESP). Professor-coordenador científico do Ciclo de Palestras – Eleições do Instituto do Legislativo Paulista da Assembleia Legislativa do Estado de São Paulo (ILP/ALESP) (2017/2018). Professor convidado da Pós-graduação em gestão pública da Fundação de Sociologia e Política do Estado de São Paulo (FESPSP). Professor-coordenador do Ciclo de Palestras – Direito Eleitoral: as regras da Eleição 2020, organizado pela Caixa de Assistência dos Advogados do Estado do Rio de Janeiro (CAARJ/OAB. RJ). Coautor da obra *Financiamento de Campanha e Prestação de Contas de Candidatos e Partidos Políticos para as Eleições de 2016, do Conselho Federal de Contabilidade – CFC* (2016). Coautor das obras *Guia das Eleições 2016:* Perguntas e Respostas (Arraes, 2016) e *Guia da Prestação de Contas:* Perguntas e Respostas (Arraes 2016). Coautor das obras *Guia das Eleições 2018:* Perguntas e Respostas (Arraes, 2018) e *Guia da Prestação de Contas de Campanha 2018:* Perguntas e Respostas (Arraes, 2018). Coautor da obra *Direito Eleitoral:* Temas relevantes (Juruá, 2018). Palestrante e consultor.

E-mail: contato@amiltonaugusto.adv.br

Prefácio

Em busca do aprimoramento do sistema democrático representativo brasileiro, reintroduzido entre nós pela Constituição da República de 1988, poucas áreas do Direito brasileiro vêm sofrendo mais alterações significativas que o Direito Eleitoral. O sentimento de distanciamento entre os eleitores e seus representantes soma-se a uma crise ética que questiona o modo de se fazer campanha no Brasil para ditar o ritmo de uma série de mudanças, tanto em nosso sistema partidário quanto nas normas que regem as eleições.

Recentíssima alteração, datada de setembro de 2019, foi sancionada pelo Presidente da República com vetos que, no momento de elaboração deste prefácio, ainda pendem de apreciação pelo Congresso Nacional. Como resposta aos questionamentos éticos decorrentes de vultosas doações feitas a candidatos por pessoas naturais e jurídicas, mante-ve-se o financiamento de campanha por meio de um fundo público eleitoral. Por sua vez, o fundo público partidário, utilizado para custear as atividades das agremiações políticas, teve suas regras de utilização flexibilizadas. Em 2017, a promulgação da Emenda à Constituição nº 97 vedou a coligação partidária para eleições proporcionais, vigendo a partir do pleito de 2020.

À sucessão de normas editadas pelo Congresso Nacional somam-se ainda as resoluções do Tribunal Superior Eleitoral, dotadas de caráter normativo primário – possuidoras, portanto, de características de abstração, generalidade e autonomia idênticas à lei em sentido formal. Uma miríade de atos normativos torna as regras do jogo eleitoral de difícil decifração.

Assim, o arcabouço normativo em constante evolução exige atualização e aprofundamento do profissional do Direito que se dedica aos meandros do Direito Eleitoral, ramo jurídico que tutela bem jurídico de fundamental importância: a participação democrática.

Em paralelo a esses grandes desafios, cumpre-nos rememorar que a Federação brasileira foi substancialmente reforçada pela Constituição da República de 1988, que elevou os Municípios à dignidade de entes federados, ombreados com a União, com os Estados e com o Distrito Federal. Com isso, o ente municipal foi promovido, afirmando-se como o local privilegiado do exercício da cidadania. A proximidade com o Poder Público constituído e a ampla gama de atribuições que foram reservadas ao Município pela Carta Política aprofundaram, como nunca antes, a relação entre o administrador e os munícipes.

A promulgação da Lei nº 10.257, de 10 de julho de 2001, que instituiu o Estatuto da Cidade, reforçou sobremaneira a influência direta dos munícipes na elaboração e acompanhamento de políticas públicas municipais. Os mecanismos de participação direta da comunidade no estabelecimento da política de ordenamento urbanístico, especialmente por meio do plano diretor, exigem do gestor municipal esforços para garantir a ampla representatividade da comunidade ao mesmo tempo que fornece dados e informações de modo claro e transparente a fim de subsidiar o processo de tomada de decisão.

O amplo reconhecimento de direitos e de garantias pela Constituição da República e pela legislação brasileira no contexto pós-democratização exige uma contrapartida da administração municipal, que deve arcar com os (elevados) custos provenientes da gama de serviços públicos colocados à disposição por imperativo constitucional. Em paralelo, a ampliação dos mecanismos processuais para garantir o exercício de direitos reconhecidos aos cidadãos tornou os Municípios contumazes litigantes. As Procuradorias Municipais, unidades administrativas constantemente negligenciadas em um contexto de escassez de recursos públicos, sentiram o baque.

Todas essas questões, incorporadas em período relativamente recente em nosso ordenamento jurídico, conferem ao Direito Municipal uma centralidade inédita na história desse interessantíssimo ramo do Direito Administrativo em sentido amplo.

É justamente nesse contexto de valorização do Direito Municipal enquanto disciplina muito relevante para o modelo brasileiro de federalismo e de profundas reformas nas regras de Direito Eleitoral a alterar o conjunto de normas que regem o processo de escolha de representantes que esta obra, que tenho a honra de prefaciar, ganha singular relevância.

Filho de seu tempo, o presente *Dicionário* reveste-se de peculiar importância na atual quadra histórica, servindo como um guia, simples e rápido, para a consulta de termos técnicos utilizados com frequência nas áreas de conhecimento que se propõe a tratar. O didatismo de seu conteúdo e sua organização em verbetes têm a vantagem de ultrapassar a zona de interesse dos juristas: é obra de grande importância para o dia a dia de agentes políticos, de demais interessados que buscam se aventurar pela administração municipal e dos cidadãos que colaboram na fiscalização do bem gerir da coisa pública por seus representantes eleitos.

Esse quadro se completa com a alta qualificação dos autores, experimentados e conhecidos professores de Direito

Eleitoral e atuantes na área, sem dúvida dos mais autorizados a condensar nesta obra prática, inteligente e ágil os principais conceitos do tema.

Finalmente, renovo os agradecimentos pelo honorífico convite para prefaciar este livro, certo de sua relevância para as disciplinas do Direito Eleitoral e do Direito Municipal.

Outubro de 2019.

Henrique Ávila

Advogado, Conselheiro do CNJ nos biênios 2017/2019 e 2019/2021, indicado pelo Senado Federal, doutor e mestre em Direito pela PUC/SP e professor de Processo Civil do IDP – Instituto Brasiliense de Direito Público.

𝔄

Termos selecionados (em latim).

Ab initio. Desde o início, do começo.

Ad hoc. Usada para indicar substituição eventual ou nomeação para determinado ato. Um servidor pode ser nomeado *ad hoc* para exercer determinada função temporária, em casos específicos permitidos por lei.

Ad referendum. Significa que necessita ser referendado por autoridade competente ou plenário.

A posteriori. Que vem depois. O oposto de *a priori*.

A priori. Significa primeiramente. Que vem antes. De início. O oposto de *a posteriori*.

A bem do serviço público. Expressão utilizada para casos em que o servidor público é demitido, após o devido processo legal, por exemplo, quando praticado crime contra a Administração. A demissão pode ser simples ou agravada, ocorrendo esta quando é aplicada com a nota "a bem do serviço público", sempre de acordo com a gravidade da falta funcional. A demissão envolve hipóteses de extrema gravidade, sempre especificadas pelo Estatuto ou pela legislação esparsa, de modo a exigir, quando aplicada, que o ato expressamente indique a causa, ou seja, qual a transgressão funcional motivadora.

Abaixo-assinado. Documento utilizado como forma de pleitear a concessão de alguma medida através da assinatura de várias pessoas. Também é utilizada como expressão para designar aquele que subscreve determinado documento ou petição.

Abandono de cargo. Caracteriza-se pela intenção do servidor público em não comparecer ao serviço por um tempo determinado nos estatutos respectivos, geralmente por mais de trinta dias consecutivos ou sessenta dias intercaladamente, sem apresentar justa causa. É infração administrativa que acarreta a demissão. O art. 323 do Código Penal tipifica como crime o abandono de cargo público. Esse tipo penal tutela a organização do serviço público e o normal funcionamento. Trata-se de delito doloso.

Abastecimento de água. É uma prioridade do Município na utilização dos recursos hídricos naturais para o abastecimento da população local.

Abertura de prazo. Data na qual se inicia a contagem de prazo de determinada obrigação.

Abjurgar. Ato judicial em que se toma determinada coisa.

Abolicionismo. Movimento político e social identificado com a emancipação dos escravos no Brasil. Assim, a Lei nº 3.353, de 13 de maio de 1888, Lei Áurea, recebeu a sanção da princesa Isabel. O movimento republicano contra as monarquias e o socialista contra a propriedade privada são formas de abolicionismo.

Abonar. Reforçar o reconhecimento de determinado ato ou reconhecer a identidade de alguém.

Ab-rogação. É uma forma de revogação total da lei. Abolição do texto legal.

Absolutismo. Forma de regime político exercida por um cidadão, classe, casta ou partido político, sem restrições. Identifica-se com o poder absoluto dos monarcas, guerreiros e aristocratas. Na época de Luis XIV na França surgiu a clássica frase: L'état, c'est moi, ou seja, para o monarca absoluto o poder emerge de Deus e, portanto, não estará sujeito aos súditos. O nazismo na Alemanha, o fascismo na Itália e o regime soviético e comunista na Rússia são alguns exemplos do efetivo poder absoluto.

Abstenção. Sob o prisma eleitoral significa o número de eleitores que se ausentaram do pleito eleitoral. A quantidade envolve primeiro e segundo turnos. Pode ser crime eleitoral do art. 299 do Código Eleitoral, quando o agente ativo da prática delitiva compra o eleitor para não votar. Os candidatos, delegados ou fiscais de partido político ou de coligação poderão obter cópia do relatório emitido pelo sistema informatizado, com dados sobre o comparecimento e a abstenção em cada seção eleitoral, sendo vedado ao juiz eleitoral recusar ou procrastinar sua entrega ao requerente (Código Eleitoral, art. 156, § 3º).

Abuso de confiança. Ato de enganar alguém de boa-fé.

Abuso de direito e de autoridade. Ocorre quando o servidor público ultrapassa ou exorbita o regular exercício de seus poderes delimitados pela lei atingindo a esfera de terceiros. O abuso é expressão mais ampla, mas que de alguma forma abrange o excesso e desvio do poder ou finalidade.

Abuso do poder econômico ou político. Refere-se a condutas e ações que atentam contra a igualdade dos candidatos na disputa dos votos nas eleições, por exemplo, eleições municipais, quando um dos candidatos recebe vultosa quantia de "caixa 2". O abuso do poder econômico é visto pela violação de regras financeiras, uso excessivo do dinheiro e de alguma forma pelo excesso ou abuso dos meios de comunicação social, rádio, televisão, jornal e internet. Já o abuso do poder político ocorre pela violação às regras dos serviços e bens públicos que não podem ser utilizados nas campanhas eleitorais, exceto em casos específicos. A caracterização dessas infrações demanda o exame do elemento gravidade da conduta e ensejará a inelegibilidade na forma da Lei Complementar nº 64, de 18 de maio de 1990, art. 1º, inciso I, letras "d" ou "h", e ainda, o art. 22, incisos XIV e XV.

Ação administrativa. O Poder Público da União, Estados ou Municípios, objetivando realizar atividades para os administrados, pratica ações efetivas que possam concretizar as reais necessidades locais. É o exercício do serviço público dos poderes de polícia administrativa.

Ação civil pública. Trata-se de uma ação judicial prevista na Lei nº 7.347, de 24/07/1985, bem como no Código de Defesa do Consumidor e no Estatuto da Criança e Adolescente. Por exemplo, pode ser usada para atos previstos na Lei de Improbidade Administrativa que objetiva a aplicação de sanções decorrentes de violações aos princípios administrativos, lesão ao erário público e enriquecimento ilícito.

O agente público poderá perder o cargo, ressarcir ao erário, ter os bens indisponíveis, pagar uma multa fixada pelo juiz e ainda ficar com os direitos políticos suspensos (não vota nem é votado por um período de tempo). A suspensão dos direitos políticos pressupõe o trânsito em julgado da decisão nos termos do art. 15, inciso V, da Carta Magna.Um dos efeitos da decisão colegiada é a inelegibilidade (não ser eleito por um período de tempo), conforme previsão no art. 1º, inciso I, letra "l" da Lei Complementar nº 64, de 18 de maio de 1990.

Ação de captação ilícita de sufrágio. É uma ação eleitoral prevista no art. 41-A da Lei nº 9.504/97 para punir candidatos que compram votos dos eleitores por alimentos, materiais de construção e outros benefícios. As sanções são: a) cassação do registro ou anulação do diploma; b) multa; e c) inelegibilidade (art. 1º, inciso I, letra "j" da LC nº 64/90).

Ação de impugnação ao mandato eletivo. A previsão está no art. 14, §§ 10 e 11, da Carta Magna. É uma ação constitucional eleitoral para coibir o abuso do poder econômico, a corrupção e a fraude.

Ação de impugnação ao requerimento de registro de candidaturas. Trata-se de ação eleitoral cuja previsão está nos arts. 3º a 15 da Lei Complementar nº 64, de 18 de maio de 1990. Objetiva-se indeferir o pedido de registro de um candidato que seja inelegível, não tenha condição de elegibilidade ou esteja inserido em casos de perda ou suspensão dos direitos políticos. É possível que essa ação anule o diploma do eleito em razão do momento em que for julgada.

Ação de investigação judicial eleitoral. É uma ação eleitoral prevista no art. 22 da Lei Complementar nº 64, de 18 de maio de 1990, para coibir o abuso do poder econômico ou político e dos meios de comunicação social, bem como é utilizada para a ilegalidade referente à captação ou gastos ilícitos de recursos nas campanhas eleitorais, ou em razão da prática de condutas vedadas aos agentes públicos.

Ação de ofício. Manifestação do Poder Público para agir, ou seja, decidir. O Prefeito pode ter uma ação executória, inclusive pelo uso da força pública municipal contra o particular.

Ação legislativa. Trata-se de atividade da União, Estados ou Municípios para elaborar a legislação. A produção de uma norma jurídica é ato complexo, quando envolve, por exemplo, a Câmara Municipal e o Poder Executivo pela sanção da lei pelo Prefeito.

Ação popular. Trata-se de uma ação que é uma efetiva garantia constitucional que possui o cidadão para anular atos lesivos ao patrimônio de entidades públicas. O cidadão deve comprovar na petição inicial que é eleitor.

Acesso aos meios de comunicação. O art. 17, § 3º, da Constituição da República Federativa do Brasil consagra uma limitação do acesso ao rádio e televisão pelos Partidos Políticos. Incidiu nesse tema a Emenda Constitucional nº 97/2017. O art. 116 do Código Eleitoral assim preconiza: "A Justiça Eleitoral fará ampla divulgação, através dos comunicados transmitidos em obediência ao disposto no art. 250, § 5º, pelo rádio e televisão, bem assim por meio de cartazes afixados em lugares públicos, dos nomes dos candidatos registrados, com indicação do partido a que pertençam, bem como do número sob que foram inscritos, no caso dos candidatos a Deputado e a Vereador". A propaganda eleitoral no rádio e televisão está limitada ao horário eleitoral gratuito, não se admitindo qualquer pagamento por veiculação.

Acórdão do TSE. Recurso ao STF. "Do acórdão do Tribunal Superior Eleitoral caberá recurso extraordinário para o Supremo Tribunal Federal, quando a decisão declarar a invalidade de lei ou contrariar a Constituição Federal, no prazo de 3 (três) dias (Código Eleitoral, art. 281, *caput*, e Constituição Federal, art. 121, § 3º)".

Acreditado. Pessoa que porta credenciais que o autorizam a determinado ato ou representação.

Aculturação. É a adaptação do indivíduo no meio social que também pode ocorrer por aquisições provenientes da cultura de outras pessoas ou grupos.

Acumulação de cargos. Exercício simultâneo de dois ou mais cargos ou funções de qualquer dos entes da Administração Pública.

Adendo. Ato de aditar determinado documento ou texto em que, embora concluído, houve alguma omissão.

Administração. Segundo José Cretella Júnior: "(...) é a atividade concreta do Estado dirigida à consecução das necessidades coletivas de modo direto e imediato, ou a atividade prática que o Estado desenvolve para tratar de modo imediato dos interesses públicos que lhe competem nos próprios fins" (Dicionário de Direito Administrativo. 3ª ed. Rio de Janeiro: Forense, 1978, p. 210).

Administração direta. É a exercida por atividades típicas do Estado. Os serviços administrativos dos funcionários, por exemplo, da Prefeitura ou da Câmara Municipal. O art. 4º do Decreto-Lei nº 200/67 diz que: "A Administração Federal compreende: I – A Administração Direta, que se constitui dos serviços integrados na estrutura administrativa da Presidência da República e dos Ministérios". Trata-se de um conjunto organizado de todos os serviços que são executados pelo Prefeito, incluindo as secretarias e servidores. Desse modo, a administração direta municipal é formada por órgãos sem personalidade jurídica própria, integrantes da estrutura administrativa de qualquer dos Poderes do Município, por exemplo, órgãos de: (a) direção e assessoramento superior; (b) direção e assessoramento intermediário; e (c) execução.

Administração indireta. Versa o Decreto-Lei nº 200/67 que: "Art. 4º A Administração Federal compreende: (...) II – A Administração Indireta, que compreende as seguintes categorias de entidades, dotadas de personalidade jurídica própria: a) Autarquias; b) Empresas Públicas; c) Sociedades de Economia Mista. d) fundações públicas. (Incluído pela Lei nº 7.596, de 1987). Parágrafo único. As entidades compreendidas na Administração Indireta vinculam-se ao Ministério em cuja área de competência estiver enquadrada sua principal atividade. (Renumerado pela Lei nº 7.596, de 1987)". Desse modo, a regra projeta-se na administração municipal. A administração indireta traduz a descentralização da atividade, por exemplo, municipal, com a distribuição de competências para outras pessoas jurídicas. Uma empresa pública presta uma espécie de serviço público. É uma descentralização dos serviços. Por outra, as entidades da administração indireta ficam vinculadas à Secretaria Municipal em cuja área de competência enquadra-se sua atividade institucional.

Administrado. Pode ser um servidor público ou cidadão que se encontra subordinado ou dependente numa relação jurídica com a Administração Pública.

Admoestação. Pena disciplinar, consistente em advertência, aplicada por superior hierárquico com o fim de repreender aquele que tenha incorrido em infração disciplinar.

Adução. Considera-se como saneamento básico os serviços referentes à captação, adução, tratamento e abastecimento de água. A adução trata da aproximação do tratamento pelo saneamento básico das populações necessitadas.

Advertência. Pena disciplinar aplicada verbalmente ou por escrito pelo superior hierárquico ao seu subordinado nos casos de infração disciplinar.

Advocacia administrativa. Crime, previsto no Código Penal, consistente no ato daquele que, valendo-se da condição de funcionário público, defende interesses particulares de terceiros perante a Administração Pública.

Advogado público. "Advocacia Pública é a instituição constitucional que engloba as funções exercidas pela Advocacia-Geral da União e as atividades desempenhadas pelos Procuradores dos Estados e do Distrito Federal, organizados em carreira" (Curso de Direito Constitucional, Uadi Lammêgo Bulos. 4ª ed. São Paulo: Saraiva, 2009, p. 1.249). Assim, temos os advogados-gerais da União que representam os interesses da União nos Tribunais. O ingresso na carreira é por concurso público; Procuradores dos Estados e do Distrito Federal exercem a representação judicial e consultoria das Unidades da Federação, União, Estados e Distrito Federal.

Afastamento. As Leis Orgânicas dos Municípios tratam genericamente do tema. As regras devem ser consultadas nos estatutos dos servidores. Todavia, investido de mandato de Prefeito, será afastado do cargo ou emprego, sendo-lhe facultado optar pela remuneração que lhe convier. E ainda, o tempo de serviço do funcionário ou empregado público será contado para todos os efeitos legais, devendo sua contribuição previdenciária ser determinada como se em exercício estivesse.

Dicionário Simplificado de Direito Municipal e Eleitoral

Agente político. É uma espécie de servidor público que possui uma função política, por exemplo, o Prefeito e os vereadores. Refere-se aos funcionários de elevado escalão abrangendo os mandatários políticos, juízes, membros do Ministério Público, Tribunais de Contas e agentes diplomáticos.

Agente público. Segundo lições de Maria Sylvia Zanella Di Pietro: "É toda pessoa física que presta serviços ao Estado e às pessoas jurídicas da Administração Indireta" (Direito Administrativo. São Paulo: Atlas, 2015, p. 654).

Alienação de bens. As Leis Orgânicas municipais também disciplinam o tema. Desse modo, a alienação dos bens do Município, de suas autarquias, sociedades de economia mista, empresas públicas e fundações instituídas ou mantidas pelo Poder Público, estarão subordinadas à existência de interesse público, expressamente justificado, e será sempre precedida de avaliação. Por exemplo, no caso de imóveis, depende de autorização legislativa e licitação. Sendo móveis dependerá de licitação em razão do valor do bem que será alienado.

Alistamento eleitoral. Segundo previsão no parágrafo único do art. 42 do Código Eleitoral é o ato em que o indivíduo se qualifica e se inscreve para ter a cidadania eleitoral. Na prática fala-se em tirar o título eleitoral. O Tribunal Superior Eleitoral regulamenta o tema pela Resolução nº 21.538/2013. Ao completar 16 anos de idade já é possível se alistar facultativamente. No entanto, a legislação eleitoral permite que o título possa ser emitido aos 15 anos, desde que no dia da eleição (1º turno), o cidadão complete a idade mínima de 16 anos. Assim ele poderá votar em sua primeira eleição.

Alistamento. O alistamento é a primeira fase do processo eleitoral e decorre de um procedimento administrativo cartorário. O alistamento eleitoral é realizado pelo preenchimento do Requerimento de Alistamento Eleitoral (RAE). As regras sobre alistamento eleitoral se encontram na Resolução nº 21.538/2003 do Egrégio Tribunal Superior Eleitoral. No Código Eleitoral o alistamento está disciplinado, genericamente, nos arts. 42 a 81. É por meio do alistamento que a pessoa se qualifica e se inscreve como eleitor e passa a ter o atributo jurígeno constitucional da cidadania, podendo votar e, portanto, exteriorizar sua capacidade eleitoral ativa. A importância do alistamento eleitoral é salientada desde o primeiro Código Eleitoral no Brasil. Com relação a ele (Decreto nº 21.076, de 24 de fevereiro de 1932), denominado Código Eleitoral da República dos Estados Unidos do Brasil, o emérito professor catedrático da Faculdade de Direito da Universidade do Rio de Janeiro, ex-Deputado Federal pelo Piauí, ex-membro da Comissão Legislativa instituída pelo Governo Provisório, de cuja Sub-Comissão Elaboradora do Projeto de Reforma da Lei e processo eleitorais foi Relator e Juiz efetivo do Tribunal Superior de Justiça Eleitoral, João C. da Rocha Cabral, já fazia menção ao novo organismo eleitoral que se almejava em moldura idealista para a época, trazendo à baila os seguintes comentários que valem uma transcrição, in verbis: "Depois das linhas mestras em que se assenta o direito individual de eleitor, importa imediatamente saber quais as da estrutura orgânica a que se entrega a qualificação e o alistamento dos eleitores e bem assim todas as funções judicantes e administrativas, do processo eleitoral, até formação do corpo eletivo. Aspiração geral tornou-se no Brasil o arrancar-se o processo eleitoral, ao mesmo tempo, do arbítrio dos governos e da influência conspurcadora do caciquismo local. Olhando o exemplo da evolução de tal processo entre outros povos civilizados e entre nós mesmos, a opinião geral manifestava-se pela entrega do mesmo ao Judiciário federal, como fez a Argentina, ou a uma especial magistratura, como é o caso do Uruguai. O projeto, embora dispondo para uma eleição especial, como é a da Convenção Nacional, buscou, de tudo quanto se há tentado alhures, o melhor adaptável ao momento brasileiro, e adota o seguinte: 1º) para o processo eleitoral, essencialmente político, sem deixar de envolver direitos individuais garantidos pela Constituição, haverá uma especial magistratura, tanto quanto possível independente do arbítrio do Governo, ainda mesmo em relação aos seus órgãos auxiliares, de caráter administrativo; 2º) sendo a função judicante, mesmo em matéria eleitoral, distinta da técnica e administrativa, haverá tribunais e juízes especiais para exercerem a primeira e repartições e funcionários também especiais para o desempenho das segundas; 3º) os juízes e tribunais, estabelecidos embora a título provisório até a reconstituição definitiva do regime, gozarão das garantias próprias da magistratura. Deles se afastam absolutamente as eivas das suplências legais, de experiência recente bem dolorosa. Com este característico, absoluta independência de ação e precisa responsabilidade, os magistrados eleitorais dirão 'judicialmente' da qualificação de todas as contendas que se travarem a respeito do Direito Eleitoral desde o alistamento dos eleitores até a proclamação final dos eleitos; e 4º) ao lado, anexos e subordinados a essa magistratura, funcionários, técnicos e repartições adequadas serão encarregadas da identificação dos eleitores, da sua inscrição, do arquivo eleitoral e de todo o processo referente ao serviço eleitoral, em uma e em outra das referidas fases (Cabral, 1934, p. 31-32). Verifica-se de forma evidente a formação irreversível de uma mentalidade jurídica e política voltada, no Brasil, para o controle pelo Poder Judiciário de todo o processo eleitoral e de uma especialidade inadiável no estudo do Direito Eleitoral. Independentemente das mais variadas formas de normatividade eleitoral até o efetivo surgimento do primeiro Código Eleitoral no Brasil, sempre se questionou muito a fase do processo apurativo das eleições. Com a vigência do referido diploma legal, o art. 86 consagrou em seu parágrafo único uma regra de suma importância para se evitar a fraude e a simulação, ou seja, a lavratura de ata parcial dos trabalhos de cada dia de escrutínio apuratório. Essa ata parcial gerou por parte dos 'mandões da aldeia' vigorosas críticas, exatamente por ser um forte instrumento da Justiça Eleitoral no combate da adulteração dos resultados e lançamentos inexatos em documentos públicos eleitorais".

Alma coletiva. Expressão que é utilizada para demonstrar uma forma comum de pensamento ou ação de um grupo social.

Altruísmo. Terminologia que revela o amor ao semelhante. Viver para o outro. Difere-se do egoísmo. O sentimento altruísta demonstra uma afinidade moral e espiritual com outras pessoas. O pensador Augusto Comte tratava do amor ao próximo.

Alvará. Documento que se caracteriza por uma ordem emanada de autoridade com o fim de certificar, autorizando ou determinando atos ou direitos em favor de alguém.

Ampla defesa. Consagra a plenitude de defesa por provas legais. Assegura-se aos servidores e particulares que tenham envolvimento em processo administrativo. O art. 5º, inciso LV, da Lei Maior trata desse princípio. E o art. 41, § 1º, incisos II e III, fazem menção específica ao servidor público. Já os §§ 2º e 3º do art. 55 da Carta Magna se referem à ampla defesa em caso de perda do mandato eletivo.

Ampliativo. Interpretação de uma lei de modo ampliativo, com aplicação a casos não incluídos na significação do texto.

Analfabetos. "Durante o Império, os brasileiros analfabetos podiam votar. A Constituição de 1891 vedou-lhes tal direito, bem como as demais Constituições republicanas de 1934, 1937, 1946, 1967 e 1969. Com a promulgação da Emenda Constitucional 25, de 15 de maio de 1985, o impedimento constitucional de alistar-se o analfabeto deixou de existir. A Constituição de 1988 (art. 14, II, "a") garantiu o direito de voto aos analfabetos, como direito facultativo (Pinto Ferreira, 1997, p. 43)". O verbete sumular nº 15 do TSE consagra a inadmissibilidade de candidatura, diplomação ou posse aos analfabetos, mesmo que comprovem a titularidade de mandatos eletivos ou exercício de funções públicas. Inexiste direito adquirido ao analfabetismo para suprimento de condição de elegibilidade.

Anarquia. Trata-se de uma espécie de sociedade sem governo, ou seja, nesse contexto o indivíduo possui ampla liberdade podendo suprimir os meios produtivos e a propriedade. É uma doutrina ideológica e com carga de utopia, e já foi utilizada para justificar atentados violentos ao longo da história na Itália, França e Portugal.

Ano civil. Lapso de tempo que vai de 1º de janeiro a 31 de dezembro de um determinado ano.

Ano fiscal. Lapso de tempo considerado para as obrigações com o Fisco, cujo período vai de 1º de janeiro até 31 de dezembro, coincidente com o ano civil.

Anomia. Expressão que significa a falta ou ausência de leis para um grupo ou sociedade.

Anteprojeto. Estudo preliminar que serve de base para determinado plano ou lei.

Antinomia. Contradição existente entre normas jurídicas ou cláusulas de determinado instrumento contratual.

Anualidade eleitoral. É um princípio que também é chamado de anterioridade eleitoral. A previsão está no art. 16 da Carta Magna. Trata da segurança jurídica e da confiança. Uma lei eleitoral que altere o processo eleitoral deverá ser publicada um ano antes da eleição, ou seja, do primeiro turno. Por exemplo, a Lei nº 13.487, de 6 de outubro de 2017, que trata do Fundo Especial de Financiamento de Campanha (FEFC) atendeu ao princípio, pois a Eleição Nacional ocorreu em 07/10/2018. Desse modo, os candidatos, Partidos Políticos, eleitores, a Justiça Eleitoral e o Ministério Público podem conhecer previamente as alterações legislativas sem surpresas.

Aparelho. É o aparelhamento, por exemplo, do Município por um conjunto de órgãos para realizar funções pelos servidores municipais atendendo os administrados.

Apenado. Aquele a quem foi imposta condenação ao cumprimento de determinada pena.

Apensamento. Ato de reunir duas ou mais ações judiciais ou administrativas conexas para tramitação conjunta.

Apógrafo. Reprodução de um documento original.

Apoiamento mínimo. É uma forma de adesão dos eleitores de uma zona eleitoral ao partido político. A lista é para a criação do partido político, segundo versa o art. 7º, § 1º, da Lei nº 9.096/95 (Lei dos Partidos Políticos). O Partido Político só poderá ser constituído se comprovar a veracidade dessa lista. O Tribunal Superior Eleitoral regulamenta a matéria por resolução eleitoral. "(...) O requisito constitucional do caráter nacional dos partidos políticos objetiva impedir a proliferação de agremiações sem expressão política, que podem atuar como 'legendas de aluguel', fraudando a representação, base do regime democrático (Med. Cautelar em Adi nº 5.311-DF. Informativo nº 813 do STF, fevereiro de 2016, Rel. Min. Cármen Lúcia).

Aposentadoria. Segundo preceitua o doutrinador José dos Santos Carvalho Filho: "Aposentadoria é o direito, garantido pela Constituição, ao servidor público, de perceber determinada remuneração na inatividade diante da ocorrência de certos fatos jurídicos previamente estabelecidos. A aposentadoria é um fato jurídico-administrativo que precisa se formalizar através de um ato administrativo da autoridade competente. Esse ato sujeita-se à apreciação do Tribunal de Contas, a quem compete verificar a sua legalidade diante da efetiva consumação do suporte fático do benefício (art. 71, III, da CF)"(Manual de Direito Administrativo. 5ª ed. Rio de Janeiro: Lumen Juris, 1999). A aposentadoria pode ser por invalidez permanente, compulsória ou voluntária por tempo de serviço. Existe previsão nas Leis Orgânicas municipais que se lastreiam em regras constitucionais e nos estatutos dos servidores públicos. Os processos de aposentadoria serão decididos, definitivamente, na área de seus respectivos Poderes, dentro de um prazo certo e com o aval do Tribunal de Contas, que, em igual prazo, cumprirá o disposto no art. 71, III, da Constituição da República. Pode ser cassada a aposentadoria do servidor inativo? Sim, se houver praticado, na atividade, falta punível com a demissão.

Apostila. Anotação em título para nomeação para cargo público, com finalidade de remoção, transferência, disponibilidade etc.

Aproveitamento do voto. O aproveitamento do voto deve pautar a atuação da Justiça Eleitoral, preservando a soberania popular, a apuração dos votos e a diplomação dos eleitos. De forma similar ao Direito Penal, que trata do princípio básico do in dubio pro reu, no âmbito do Direito Eleitoral deve-se adotar o princípio do in dubio pro voto. Neste sentido, o art. 219 do Código Eleitoral serve como norte de interpretação: "Na aplicação da lei eleitoral o juiz atenderá sempre aos fins e resultados a que ela se dirige, abstendo-se de pronunciar nulidades sem demonstração de prejuízo".

Aproveitamento. É o retorno do servidor público à atividade, quando ele estava em disponibilidade. O aproveitamento deve ser feito em cargo de atribuições e vencimentos compatíveis com o anteriormente ocupado. Enquanto não ocorre o aproveitamento o servidor fica em disponibilidade remunerada.

Apuração. É considerada uma fase do processo eleitoral. Uma etapa de incidência da legislação eleitoral brasileira. Trata da contagem dos votos por meio eletrônico (urna eletrônica) ou manual (cédulas). Pode ocorrer por votação impressa. Nas eleições municipais compete à junta eleitoral presidida pelo juiz eleitoral de uma zona eleitoral apurar os votos dos candidatos aos mandatos eletivos de Prefeitos, Vices e vereadores.

Aristocracia. É uma classe ou casta de pessoas que se nutre de privilégios de origem hereditária, econômica ou decorrente de conquistas militares, por exemplo, os chamados senhores feudais na Idade Média.

Arrecadação de recursos. Os candidatos podem arrecadar recursos para as campanhas eleitorais, mas a legislação exige o cumprimento de certos requisitos: i) requerimento de registro de candidatura; ii) inscrição no Cadastro Nacional da Pessoa Jurídica (CNPJ); iii) abertura de conta bancária específica; e iv) emissão de recibos eleitorais.

Assembleia constituinte. Tipo de assembleia que possui previsão constitucional, quando o Congresso Nacional (Câmara de Deputados e o Senado) é reunido especialmente para votar ou reformar, total ou parcialmente, uma nova Carta Constitucional.

Assembleia Legislativa. Órgão do Poder Legislativo de determinado Estado da Federação, também conhecido como Casa Legislativa Estadual.

Assistência ao servidor municipal. A assistência previdenciária e social aos servidores municipais será prestada, em suas diferentes modalidades e na forma que a lei dispuser, pelo Instituto de Previdência do Município. No caso de falecimento do servidor será garantida pensão por morte ao cônjuge, companheiro (a) ou dependentes, no valor total da remuneração percebida pelo servidor.

Assistência social. O art. 194 da Constituição da República Federativa do Brasil disciplina que: "A seguridade social compreende um conjunto integrado de ações de iniciativa dos Poderes Públicos e da sociedade, destinadas a assegurar os direitos relativos à saúde, à previdência e à assistência social". Assim, a assistência social é um dever do Poder Público federal, estadual e municipal objetivando proteger o cidadão em razão de dificuldades econômicas e de subsistência. O serviço social deve organizar a assistência que pode contar com a colaboração de instituições diversas de ordem filantrópica.

Associações. A tutela constitucional das associações se encontra nos dispositivos infra-transcritos do art. 5º da Constituição

Federal: "XVII – é plena a liberdade de associação para fins lícitos, vedada a de caráter paramilitar; XVIII – a criação de associações e, na forma da lei, a de cooperativas independem de autorização, sendo vedada a interferência estatal em seu funcionamento; XIX – as associações só poderão ser compulsoriamente dissolvidas ou ter suas atividades suspensas por decisão judicial, exigindo-se, no primeiro caso, o trânsito em julgado; XX – ninguém poderá ser compelido a associar-se ou a permanecer associado; e XXI – as entidades associativas, quando expressamente autorizadas, têm legitimidade para representar seus filiados judicial ou extrajudicialmente".

Ata. Documento que representa um relatório resumido ou mais detalhado dos fatos que ocorreram em determinada reunião coletiva.

Ato administrativo. Ato realizado por determinado órgão público no exercício de suas funções legais.

Ato de autoridade. Espécie de ato administrativo praticado por autoridade pública com caráter de imperatividade.

Ato de governo. É o que emerge no exercício do poder governamental nas relações internas e externas. Trata-se de modalidade de ato administrativo. Por exemplo, o Prefeito determina o fechamento provisório de uma rua da cidade. Pode ser um ato de império ou de gestão.

Ato discricionário. Ato administrativo praticado com base no juízo de oportunidade e conveniência do agente que o pratica, sem qualquer vinculação legal.

Ato legislativo. Modalidade de ato que é emanado do Poder Legislativo, por exemplo, da Câmara Municipal. Contempla toda espécie de norma jurídica.

Atribuições do Prefeito. Por exemplo, nomear e exonerar os Secretários Municipais, sancionar e fazer publicar as leis, nomear, após a aprovação pela Câmara Municipal, os Conselheiros do Tribunal de Contas; prestar, anualmente, à Câmara Municipal, dentro de sessenta dias após a abertura da sessão legislativa, as contas referentes ao exercício anterior, enviando-as dentro do mesmo prazo ao Tribunal de Contas para emissão do parecer prévio; fixar as tarifas dos serviços públicos municipais concedidos ou permitidos; decretar calamidade pública; autorizar a aquisição, a alienação e a utilização de bens públicos municipais; representar o Município em juízo, através da Procuradoria-Geral do Município; e decretar, nos termos da lei, desapropriação por interesse social e utilidade pública.

Autarquia. Nas lições de José Cretella Júnior: "Serviço público descentralizado, dotado de personalidade jurídica, especializado na consecução de determinado fim, do qual não pode afastar-se" (Dicionário de Direito Administrativo. 3ª ed. Rio de Janeiro: Forense, 1978, p. 68). O conceito de autarquia está no Decreto-Lei nº 200, de 25/02/1967, art. 5º, inciso I: "o serviço autônomo, criado por lei, com personalidade jurídica, patrimônio e receita próprios, para executar atividades típicas da Administração Pública, que requeiram, para seu melhor funcionamento, gestão administrativa e financeira descentralizada". Exemplo: Banco Central e Conselho Administrativo de Defesa Econômica (Cade) são pessoas jurídicas de direito público interno, segundo preceitua o art. 41, inciso IV do Código Civil.

Autocracia. Espécie de poder ou governo de uma só pessoa. Por exemplo, na Alemanha de Adolf Hitler, o Füher era a lei, ou seja, a última instância. Na época dos Faraós do Egito o direito lhes pertencia e era ditado por eles.

Autonomia partidária. A Carta Magna assegura aos Partidos Políticos a autonomia nos seguintes termos: Art. 17. (...) § 1º "É assegurada aos partidos políticos autonomia para definir sua estrutura interna e estabelecer regras sobre escolha, formação e duração de seus órgãos permanentes e provisórios e sobre sua organização e funcionamento e para adotar os critérios de escolha e o regime de suas coligações nas eleições majoritárias, vedada a sua celebração nas eleições proporcionais, sem obrigatoriedade de vinculação entre as candidaturas em âmbito nacional, estadual, distrital ou municipal, devendo seus estatutos estabelecer normas de disciplina e fidelidade partidária".

Autoridade. É o poder de decisão, ordem e cumprimento das leis, costumes e crenças. Pode ter um viés funcional (juiz), religioso (sacerdotes), militar (generais), político (prefeitos e vereadores) ou econômico (empregador).

Avocação. No desempenho dos atos de administração o superior hierárquico pode avocar, ou seja, chamar para si a realização de um ato, tarefa ou procedimento, desde que encontre base na legislação.

B

Termos selecionados (em latim).

Bis in idem. Dois atos incidentes sobre o mesmo fato. Aplicação de duas penalidades sobre a mesma hipótese.

Bona fide. Boa-fé.

Bona fide possessor. Possuidor de boa-fé.

Bona fidei. De boa-fé.

Bona gratia. De boa vontade.

Bona res. Em bom estado.

Brevi ante. Pouco antes.

Brevi tempore. Pouco tempo depois.

Bairro. São zonas ou núcleos de população. Um agrupamento de casas numa determinada localidade. É necessário ter serviços, instalações, via de circulação, água, gás, esgoto e comércio. Os bairros demonstram peculiaridades de nível econômico. Podem existir bairros urbanos, rurais e populares. Deve ter um centro de vida completo. A urbanização de áreas favelizadas e de loteamentos irregulares deve se integrar ao bairro.

Ballotage. Expressão de origem francesa que significa que nenhum candidato alcançou o número de votos para a sua eleição no primeiro turno.

Bancada. Trata-se de uma forma de organização composta por vereadores que pertencem a determinada representação partidária. As bancadas podem constituir um bloco parlamentar.

Bandeira nacional. É o símbolo da Pátria. O Brasil teve várias bandeiras, no tempo de colônia, de Reino e de Império. A sua origem, como é óbvio, foi a bandeira lusa. A bandeira atual foi estabelecida por ocasião da Proclamação da República, em 1889. Mantiveram-se as cores nacionais: verde e amarelo. O emblema foi constituído por uma esfera azul, pontilhada por 27 estrelas e atravessada por uma faixa branca, com a legenda ORDEM E PROGRESSO.

Bárbaro. Denominação atribuída aos povos à margem da civilização com hábitos rudes e brutais. Os bárbaros são chamados de vândalos pelas ações brutais e com crueldade. São o antônimo de povos civilizados, no entanto, o termo *civilização* é relativo, porque mesmo dentro dos costumes bárbaros subsiste um cunho civilizatório de organização social.

A história revela a figura do bárbaro Filipe, que era um escravo romano, mas que ocultou esse fato e praticou atos jurídicos que depois foram confirmados. Exemplo da famosa teoria do funcionário de fato, ou seja, os terceiros não podem sofrer prejuízos quando as funções públicas são desempenhadas por pessoa inabilitada, quando se verifica a boa-fé.

Bem de uso comum. O Código Civil faz menção nos arts. 99, inciso I, 100 e 103. São as ruas, praças, jardins públicos, rios, mares e estradas. São inalienáveis enquanto perdurar a qualificação na forma legal.

Bem de uso especial. Diz o art. 99, inciso II, do Código Civil: "São bens públicos: (...) II – os de uso especial, tais como edifícios ou terrenos destinados a serviço ou estabelecimento da administração federal, estadual, territorial ou municipal, inclusive os de suas autarquias".

Bem do evento. Expressão que se refere à coisa perdida, ou seja, um bem dominical de disposição, por exemplo, do Município. Trata-se de um bem patrimonial disponível do domínio privado do ente público. O bem dominical não é igual ao bem dominial.

Bem dominial. São bens que se submetem ao regime da indisponibilidade do patrimonial, por exemplo, do Município.

Bem dominical. A previsão se encontra no art. 99, inciso III, do Código Civil: "Art. 99. São bens públicos: (...) III – os dominicais, que constituem o patrimônio das pessoas jurídicas de direito público, como objeto de direito pessoal, ou real, de cada uma dessas entidades. Parágrafo único. Não dispondo a lei em contrário, consideram-se dominicais os bens pertencentes às pessoas jurídicas de direito público a que se tenha dado estrutura de direito privado". Por exemplo, o Município é proprietário de determinado título ou quantia monetária. O bem público dominical pode ser alienado, conforme previsão legal (art. 101 do Código Civil).

Bem imóvel do Município. São os bens de uso comum do povo, especial e dominical. O órgão do patrimônio imobiliário deve administrá-los. A destinação dos bens imóveis do domínio municipal é determinada por ato do Prefeito, mas pode ser modificada em razão do interesse público. Usa-se a afetação por lei municipal; a mudança de destinação é estabelecida por norma de igual hierarquia. Por outra, a desafetação de bens de uso comum do povo dependerá de prévia aprovação das comunidades circunvizinhas ou diretamente interessadas, nos termos da legislação.

Bem-estar social. Cumpre ao Município prestar assistência social zelando pelo respeito e dignidade dos munícipes assegurando a participação popular e as organizações representativas. A educação, manutenção de creches, defesa do consumidor e dos usuários dos transportes, saúde e segurança local são meios de fomentar o bem-estar social.

Bens públicos. São os bens que integram o patrimônio do ente público, seja ele Município, Estados ou União.

Bicameralismo. É um sistema que estrutura o Poder Legislativo por dois órgãos. Senado Federal (Câmara Alta) e Câmara dos Deputados (Câmara Baixa). A origem desse sistema é da Idade Média, ou seja, num regime de classes sociais altas e baixas. Na Inglaterra existem a Câmara dos Comuns e a dos Lordes. Nos Estados Unidos da América, o Senado e a Câmara dos Representantes. O sistema eleitoral para o Senado Federal no Brasil é majoritário simples, ou seja, ganha a vaga quem tiver mais votos nominais do que o outro concorrente. Para a Câmara dos Deputados o sistema é proporcional que leva em consideração o quociente eleitoral e o partidário com o cálculo das sobras e restos. Nas eleições para a Câmara Municipal, o sistema é proporcional.

Bioética. Estudos filosóficos que procuram traçar limites morais e éticos em razão do desenvolvimento das ciências biológicas. Por exemplo, a vida e a morte do ser humano. Na verdade, a bioética possui uma vasta amplitude multidisciplinar, por exemplo, nas técnicas genéticas nos humanos e em animais. É inegável a repercussão no constante aprimoramento da legislação.

Biometria. É uma forma de identificação do eleitor pelas impressões digitais. Trata-se de um cadastramento que em certos Municípios faz parte da revisão do eleitorado. Desse modo, os eleitores que não comparecem acabam tendo o título cancelado, o que demanda nova regularização.

Bipartidarismo. Existência de apenas dois partidos em disputa. No Brasil, entre o Império e a República, tivemos o Partido Liberal e o Conservador. Sistema bipartidário de feição britânica. No período histórico de 1966 até 1979, existia a Aliança Renovadora Nacional (Arena) e o Movimento Democrático Brasileiro (MDB).

Boca de urna. Trata-se de crime eleitoral previsto no art. 39, § 5º, inciso II, parte final, da Lei nº 9.504/97. É um delito que pode ser praticado por qualquer pessoa. Crime comum. A pena é de até 1(um) ano e multa. Desse modo, é cabível a transação penal (instituto despenalizador) previsto na Lei nº 9.099/95. O caso mais comum é a panfletagem no dia da eleição nas proximidades da seção eleitoral.

Bolchevismo. Os *bolcheviquis* faziam parte de um grupo majoritário do partido socialdemocrata da Rússia. Revolucionários e radicalmente marxistas e comunistas. Seus chefes eram Lenine e Troski.

Boletim de urna. É um documento aprovado pelo modelo do Tribunal Superior Eleitoral que é impresso na urna eletrônica em vias específicas que dão publicidade aos candidatos, partidos políticos e eleitores do resultado dos votos naquela seção eleitoral (urna). O BU (boletim de urna) pode ser solicitado pelo representante da legenda.

Burguês. Denominação cuja origem etimológica se refere ao burgo, ou seja, na Idade Média era o castelo feudal de residência do senhor. Todavia, a expressão designa a figura do comerciante ou mercador, mas também nos tempos atuais se refere ao cidadão com riquezas. A burquesia transformou-se nos séculos X e XI em uma classe social que cresceu em razão dos poderes políticos e econômicos, especialmente pelo comércio marítimo na Europa.

Burocracia. Nas lições de André-Jean Arnaud, *in verbis*: "Tipo de organização social e administrativa baseada em um poder racional-legal (...) sentido negativo: funcionamento defeituoso de uma organização, causado pelos efeitos perversos da influência do poder de tipo racional-legal" (*Dicionário Enciclopédico de Teoria e Sociologia do Direito*. Rio de Janeiro: Renovar, 1999, p. 76).

C

Termos selecionados (em latim).

Capita. Cabeça. Por pessoa.

Capitis diminutio. Diminuição ou redução da capacidade civil.

Caput. Cabeça. Designa a primeira parte, o topo, o fundamento, de um artigo de lei.

Cessante causa tollitur effectus. Cessada a causa, elimina-se o efeito.

Circa merita. Sobre o mérito.

Citra petita. Sentença ou acórdão que decide aquém do que foi pleiteado.

Codex. O mesmo que Código. Conjunto de leis.

Cogitatio. Intenção, resolução, cogitação, quanto à prática de algum ato.

Concessa venia. Com a devida permissão. Também utilizadas as expressões *data venia* ou *permissa venia*.

Conditio sine qua non. Condição necessária ou indispensável.

Consensus omnium. Consentimento de todos, unânime.

Dicionário Simplificado de Direito Municipal e Eleitoral

Consilium fraudis. Intenção fraudulenta. Conluio entre duas ou mais pessoas para prejudicar terceiros.

Consummatum est. Tudo está consumado.

Contra jus. Contra o Direito.

Contra legem. Contrário ao Direito.

Contrario sensu. Ao contrário, em sentido oporto.

Corpus. Corpo.

Culpa in commitendo. Culpa por imprudência.

Culpa in eligendo. Culpa pela escolha equivocada.

Culpa in ommitendo. Culpa por omissão que resultou em dano.

Custos legis. Fiscal da lei.

Cabala. Expressão que significa a compra de votos dos eleitores para determinado candidato, quando são feitas promessas e ardis com a oferta de bens e serviços.

Cabina eleitoral. Cabina ou cabine são sinônimas. O Código Eleitoral assim versa: "No local destinado à votação, a mesa receptora deverá ficar em recinto separado do público, devendo a urna estar na cabina de votação (Código Eleitoral, art. 138)". A cabine preserva o sigilo do voto. E ainda: "Na cabina de votação, é vedado ao eleitor portar aparelho de telefonia celular, máquinas fotográficas, filmadoras, equipamento de radiocomunicação ou qualquer instrumento que possa comprometer o sigilo do voto (Lei nº 9.504/97, art. 91-A, parágrafo único)".

Cabo eleitoral. É uma espécie de representante do candidato ou do partido político local que objetiva divulgar o programa eleitoral do candidato e fiscalizar os votos nas eleições. O cidadão poderá responder por crimes eleitorais como a "boca de urna", ou a compra de votos.

Calendário eleitoral. O Tribunal Superior Eleitoral expede uma resolução específica para cada eleição disciplinando o calendário eleitoral, ou seja, o que acontece diariamente de relevante no âmbito de competência da Justiça Eleitoral. Trata-se de excelente guia obrigatório que deve ser seguido. Na verdade, a resolução do calendário resume aspectos relevantes dos prazos previstos na legislação eleitoral, inclusive em relação aos horários determinados.

Câmara Alta. Expressão que se refere ao Senado Federal, quando se adota o sistema bicameral.

Câmara Baixa. Expressão que se refere à Câmara dos Deputados no sistema bicameral.

Câmara dos Comuns. Também conhecida como Câmara Baixa no Reino Unido. Seus membros são eleitos, mas pode ser dissolvida em atenção ao sistema parlamentarista.

Câmara dos Lordes. Os lordes são nobres hereditários que exercem funções simbólicas e atuam na Corte de Apelação na Inglaterra. É a Câmara Alta do Parlamento do Reino Unido.

Câmara Municipal. Por exemplo, dentre as competências legislativas da Câmara Municipal, que é formada por vereadores, cumpre legislar sobre: a) sistema tributário, arrecadação e aplicação de rendas; b) criação, transformação e extinção de cargos, empregos e funções públicas; c) normas gerais sobre a exploração de serviços públicos; d) elaborar seu regimento interno; e) eleger sua Mesa Diretora, bem como destituí-la na forma da Lei Orgânica e do regimento interno; f) fixar a remuneração dos Vereadores em cada legislatura; g) exercer, com o auxílio do Tribunal de Contas, a fiscalização contábil, financeira, orçamentária, operacional e patrimonial do Município; h) criar comissões parlamentares de inquérito sobre fato determinado que se inclua na competência da Câmara Municipal; e i) suspender a execução, no todo ou em parte, de lei municipal declarada inconstitucional por decisão definitiva do Tribunal de Justiça do Estado.

Candidato *sub judice*. O art. 16-A da Lei nº 9.504/97 permite ao candidato que tenha o seu pedido de registro de candidatura indeferido que possa efetuar "todos os atos relativos à campanha eleitoral", ou seja, realizar ações de propaganda eleitoral pelos meios de comunicação social. Na hipótese de candidatura aos mandatos eletivos municipais, o candidato *sub judice* poderá recorrer da decisão do juiz eleitoral com competência registral ao Tribunal Regional Eleitoral e do acórdão colegiado ao Tribunal Superior Eleitoral. Se a candidatura é estadual ou federal, *e.g.*, de Deputado Estadual, o recurso contra a decisão do Tribunal Regional Eleitoral será apreciado pelo Tribunal Superior Eleitoral. Todavia, se a eleição for para o mandato de Presidente ou Vice-Presidente da República, o requerimento registral ocorre no âmbito exclusivo da competência do Tribunal Superior Eleitoral. Nesse caso, o limite temporal da situação excepcional da candidatura *sub judice* se esgota com o fim da possibilidade recursal inserida no próprio TSE.

Candidato. Considera-se candidato ao mandato eletivo o cidadão que requereu o registro de candidatura e aguarda o seu deferimento pela Justiça Eleitoral. Os escolhidos em convenção partidária são pré-candidatos.

Características do voto. Destacam-se as seguintes características: **(i)** a **personalidade do voto**, significa que somente o eleitor poderá votar. Não se admite o voto por procuração; e **(ii)** a **liberdade de voto**, ou seja, é o próprio sigilo ou segredo do voto. O eleitor não pode ser devassado em sua preferência democrática.

Cargo público. É o espaço localizado dentro da organicidade do serviço público. Quais as espécies de cargos? 1) Cargos vitalícios. A vitaliciedade está prevista na Constituição Federal (arts. 73, § 3º, 95, I, e 128, § 5º, I, "a"). Não poderá ocorrer a extinção do vínculo em razão de um processo administrativo, somente por decisão judicial em ação própria (ex.: juízes e membros do Ministério Público). A garantia é da função, porque esses agentes políticos são suscetíveis de perseguições e vindictas por terceiros. Preserva-se o livre exercício das competências e atribuições legais. Antes de dois anos de exercício, poderá ser dissolvido o vínculo com a Administração Pública. A prerrogativa depende da confirmação no estágio probatório. 2) Cargos efetivos. A Constituição Federal trata do tema no art. 41. O servidor só perde o cargo por processo administrativo e por avaliação negativa de desempenho. Esses cargos podem ser isolados ou escalonados em carreira. O cargo isolado é único e não admite promoção. O escalonado admite promoção em classes até o mais alto nível da carreira. 3) Cargos em comissão. São de natureza transitória. O servidor é nomeado em razão de uma confiança com o nomeante. É livre a nomeação e exoneração. A Constituição Federal se refere ao assunto no art. 37, II.

O desempenho é precário e as funções são exercidas exclusivamente por ocupantes de cargo efetivo.

Carreira. Entende-se o agrupamento de classes da mesma profissão que seguem um escalonamento pela hierarquia do próprio serviço público. Ensina ainda o festejado doutrinador José Cretella Júnior que: "Carreira, significa corrida, caminho, (...) ascensão" (*Dicionário de Direito Administrativo*, José Cretella Júnior. 3ª ed. Rio de Janeiro: Forense, 1978, p. 118).

Cassado. Expressão que se refere à perda do mandato eletivo por determinação judicial ou por julgamento *interna corporis*, por exemplo, por falta de decoro parlamentar.

Celeridade. Princípio que deve ser observado na Justiça Eleitoral. A Lei nº 12.034/2009 acrescentou o art. 97-A e seus §§ 1º e 2º na Lei nº 9.504/97, firmando a necessidade de se observar no devido processo legal eleitoral um período máximo de julgamento de 1 (*um*) ano entre a propositura da ação e o resultado final nas instâncias eleitorais, inclusive sob pena de representação ao Conselho Nacional de Justiça, além de eventual responsabilidade administrativa funcional e renovação do pedido na via judicial com supressão de instância, objetivando a celeridade do julgado, art. 97 e §§ 1º e 2º da Lei das Eleições.

Cidadania. A cidadania compreende: o direito de votar, *ius sufragi*, direitos públicos políticos subjetivos ativos, e o direito de ser votado, *ius honorum*, direitos públicos políticos subjetivos passivos. Os direitos de cidadania são adquiridos mediante o alistamento eleitoral na forma da lei, pois somente de posse do título eleitoral a pessoa adquire o *status* jurígeno legal de cidadão. É preciso insistir também no fato de que o conceito de cidadania é muito amplo, abrangendo uma universalidade de direitos e deveres ao longo da história, que refletem a plenitude de se exigir do Estado prestações e se defender do arbítrio. A cidadania na legislação brasileira está ligada ao atributo eleitoral e político. Ser cidadão pode ter um duplo significado, ou seja: ser o titular do direito de votar (cidadania ativa) e de ser votado (cidadania passiva). Por exemplo: o analfabeto é cidadão ativo, mas não é passivo. Não pode ser eleito para mandatos eletivos, porque é considerado inelegível, assim como os estrangeiros. Ser cidadão no sentido amplo da expressão é ter acesso à saúde, educação, habitação, meio ambiente condigno e outras qualificações, mas no aspecto eleitoral é poder votar e ser votado para mandatos eletivos.

Classe. Significa o agrupamento de cargos da mesma profissão (identidade de atribuições, remuneração e responsabilidades). As classes, na verdade, constituem os níveis de acesso na carreira. Segundo o doutrinador José Cretella Júnior, é o "agrupamento de cargos da mesma profissão ou atividade com igual padrão de vencimentos, atribuições e responsabilidades. Dois elementos bem nítidos integram a noção de classe: 1º) identidade de profissão ou atividade; 2º) padrão igual de vencimentos (...)". Para Tito Prates da Fonseca, "classe constitui alinhamento horizontal de cargos pelas atribuições – critério profissional – e pelo padrão de vencimentos" (*Lições de Direito Administrativo*, 1943, p. 225). "Relativamente à promoção, a hierarquia é composta de graus e classes, expressões diversas que servem para assinalar lugares sucessivos de escala. O grau designa mais especialmente o título ou função especial, a classe lugar entre os que desempenham esta função" (Vivien, *Études Administratifs*, 3ª ed., 1859, v. I, p. 209 e *Dicionário de Direito Administrativo*, José Cretella Júnior. 3ª ed. Rio de Janeiro: Forense, 1978, p. 125/6).

Cláusula de barreira. É uma forma constitucional e infraconstitucional de limitar os partidos políticos ao acesso do dinheiro do fundo partidário e ao tempo de rádio e televisão. O art. 17, § 3º e incisos, da Constituição da República Federativa do Brasil trata do assunto, ou seja, os partidos políticos devem obter um percentual mínimo de votos para lograr êxito no funcionamento parlamentar. A Emenda Constitucional nº 97/2017 criou limitações, mas o Supremo Tribunal Federal tinha julgado as Ações Diretas de Inconstitucionalidade números 1.351 e 1.354 no sentido de que essa cláusula de desempenho ou exclusão efetivamente reduz o direito das minorias. Trata-se de tema polêmico que poderá ser novamente questionado.

Cláusula uniforme. Como exemplo, destaca-se precedente do TSE: "Nos termos da jurisprudência desta Corte Superior, o contrato firmado entre o candidato e a administração municipal, objetivando o transporte escolar de alunos da rede municipal, quando as cláusulas são impostas pelo Poder Público, sem participação do particular nos termos contratuais, não se enquadra nos contratos vedados para fins de elegibilidade, incidindo a ressalva do art. 1º, II, *i*, da LC nº 64/90" (Brasília, 7 de março de 2013. Agravo Regimental no Recurso Especial Eleitoral nº 191-70/BA. Rel. Min. Luciana Lóssio).

Código Eleitoral. É a Lei nº 4.737/65. Com relação ao primeiro Código Eleitoral no Brasil (Decreto nº 21.076, de 24 de fevereiro de 1932), denominado Código Eleitoral da República dos Estados Unidos do Brasil, o emérito professor catedrático da Faculdade de Direito da Universidade do Rio de Janeiro, ex-Deputado Federal pelo Piauí, ex-membro da Comissão Legislativa instituída pelo Governo Provisório, de cuja Sub-Comissão Elaboradora do Projeto de Reforma da Lei e processo eleitorais foi Relator e Juiz efetivo do Tribunal Superior de Justiça Eleitoral, João C. da Rocha Cabral, já fazia menção ao novo organismo eleitoral que se almejava em moldura idealista para a época, trazendo à baila os seguintes comentários que valem uma transcrição, *in verbis*: "Depois das linhas mestras em que se assenta o direito individual de eleitor, importa imediatamente saber quais as da estrutura orgânica a que se entrega a qualificação e o alistamento dos eleitores e bem assim todas as funções judicantes e administrativas, do processo eleitoral, até formação do corpo eletivo. Aspiração geral tornou-se no Brasil o arrancar-se o processo eleitoral, ao mesmo tempo, do arbítrio dos governos e da influência conspurcadora do caciquismo local. Olhando o exemplo da evolução de tal processo entre outros povos civilizados e entre nós mesmos, a opinião geral manifestava-se pela entrega do mesmo ao Judiciário federal, como fez a Argentina, ou a uma especial magistratura, como é o caso do Uruguai. O projeto, embora dispondo para uma eleição especial, como é a da Convenção Nacional, buscou, de tudo quanto se há tentado alhures, o melhor adaptável ao momento brasileiro, e adota o seguinte: 1º) para o processo eleitoral, essencialmente político, sem deixar de envolver direitos individuais garantidos pela Constituição, haverá uma especial magistratura, tanto quanto possível independente do arbítrio do Governo, ainda mesmo em relação aos seus órgãos auxiliares, de caráter administrativo; 2º) sendo a função judicante, mesmo em matéria eleitoral, distinta da técnica e administrativa, haverá tribunais e juízes especiais para exercerem a primeira e repartições e funcionários também especiais para o desempenho das segundas; 3º) os juízes e tribunais, estabelecidos embora a título provisório até a reconstituição definitiva do regime, gozarão das garantias próprias da magistratura. Deles se afastam absolutamente as eivas das suplências legais, de experiência recente bem dolorosa. Com este característico, absoluta independência de ação e precisa responsabilidade, os magistrados eleitorais dirão "judicialmente" da qualificação de todas as contendas que se travarem a respeito do direito eleitoral desde o alistamento dos eleitores até a proclamação final dos eleitos; 4º) ao lado, anexos e subordinados a essa magistratura, funcionários, técnicos e repartições adequadas serão encarregadas da identificação dos eleitores, da sua inscrição, do arquivo eleitoral e de todo o processo referente ao serviço eleitoral, em uma e em outra das referidas fases (Cabral, 1934, p. 31-32). Verifica-se de forma evidente a formação irreversível de uma mentalidade jurídica-política voltada, no Brasil, para o controle pelo Poder Judiciário de todo o processo eleitoral e de uma especialidade inadiável no estudo do Direito Eleitoral. Independentemente das mais variadas formas de normatividade eleitoral até o efetivo surgimento do primeiro Código Eleitoral no Brasil, sempre se questionou muito a fase do processo apurativo das eleições. Com a vigência do referido diploma legal, o art. 86 consagrou em seu parágrafo único uma regra de suma importância para se evitar a fraude e a simulação, ou seja, a lavratura de ata parcial dos trabalhos de cada dia de escrutínio apuratório. Essa ata parcial gerou por parte dos 'mandões da aldeia' vigorosas críticas, exatamente por ser um forte instrumento da Justiça Eleitoral no combate da adulteração dos resultados e lançamentos inexatos em documentos públicos eleitorais".

Coisa julgada administrativa. No âmbito administrativo não há coisa julgada, pois poderá sempre a parte prejudicada ingressar com uma ação judicial, após a decisão administrativa. Nesse sentido ver o art. 5º, XXXV, da Carta Magna. Na verdade a coisa julgada administrativa é uma mera irretratabilidade no âmbito da Administração.

Coligações. A coligação partidária é uma relação estabelecida com um grupo de pessoas por interesses ou valores políticos e eleitorais, objetivando a coesão para o processo de ajustamento de integração ideológica partidária. As coligações são consideradas pessoas formais ou entes despersonalizados. Essa é a natureza jurídica. As coligações podem ser proporcionais ou majoritárias. Todavia, a Emenda Constitucional nº 97, de 4 de outubro de 2017, modificou a redação do § 1º do art. 17 da Constituição da República Federativa do Brasil, vedando a formação de coligações do tipo proporcional. No entanto, segundo dispõe o art. 2º da EC nº 97/2017, essa proibição só se aplicará, primeiramente, para as eleições de 2020, ou seja, eleições municipais (candidaturas de vereadores) e, posteriormente, para as eleições subsequentes.

Comarca. Parte territorial, ou seja, uma circunscrição territorial compreendida pelos limites jurisdicionais.

Comércio ambulante. Pode ser praticado no Município com caráter extraordinário, respeitado o comércio permanente.

Comissão. Refere-se a um grupo organizado, temporária ou permanente, cuja composição é de vereadores e parlamentares para realizarem determinadas funções.

Comissões. São órgãos técnicos, constituídos pelos membros da Câmara Municipal, em caráter permanente ou transitório, e se destinam a proceder a estudos, realizar investigações e representar a Câmara Municipal. As Comissões podem ser: permanentes: a) especiais, b) de representação, c) parlamentar de inquérito, d) de mérito; e e) representativa.

Competência da Câmara Municipal. Dentre outras, por exemplo, compete legislar sobre: sistema tributário, arrecadação e aplicação de rendas; criação, organização e supressão de regiões administrativas e distritos no Município; organização do Tribunal de Contas do Município e de sua Procuradoria Especial, tombamento de bens móveis ou imóveis, criação de áreas de especial interesse (art. 44 da Lei Orgânica do Município do Rio de Janeiro), dar posse ao Prefeito e ao Vice-Prefeito e receber os respectivos compromissos ou renúncias (art. 45 da aludida lei).

Competência municipal. Legislar sobre assuntos locais, completar a legislação federal e estadual, instituir e arrecadar tributos de sua competência, e dentre outras competências tratar de: a) abastecimento de água e esgotamento sanitário; b) mercados, feiras e matadouros locais; c) cemitérios, fornos crematórios e serviços funerários; d) iluminação pública; e) limpeza pública, coleta domiciliar, remoção de resíduos sólidos, combate a vetores, inclusive em áreas de ocupação irregular e encostas de morros, e destinação final do lixo; e f) transporte coletivo.

Competência. Crime eleitoral. Os **Prefeitos** são processados e julgados por crime eleitoral no Tribunal Regional Eleitoral, porque vige o princípio da simetria com o Tribunal de Justiça dos Estados, considerando o relevante fato de que a matéria eleitoral é de competência especial e de cunho federativo. Por fim, o Supremo Tribunal Federal editou o verbete sumular nº 702: "*A competência do Tribunal de Justiça para julgar Prefeitos restringe-se aos crimes da competência da Justiça Comum Estadual; nos demais casos, a competência originária caberá ao respectivo Tribunal de Segundo Grau*". O **Vice-Prefeito** não teve o mesmo tratamento legislativo do Prefeito e, portanto, a competência para seu processo e julgamento é do juiz eleitoral. Trata-se de omissão no preceito constitucional. Não há foro por prerrogativa de função no âmbito eleitoral. Os vereadores também não têm esse foro. Desse modo, por crimes eleitorais é competente o juiz eleitoral do local do crime. Algumas Constituições Estaduais atribuem foro por prerrogativa de função aos vereadores por crime comum. Nesse caso a regra é constitucional segundo o STF, mas somente para o processo e julgamento de crimes comuns. Em relação aos delitos eleitorais é a Justiça Eleitoral de primeira instância (juiz eleitoral).

Condenação criminal. Precedente do TSE. "(...) Na linha da jurisprudência deste Tribunal e até que o Supremo Tribunal Federal reexamine a questão já admitida sob o ângulo da repercussão geral, a condenação criminal transitada em julgado é suficiente para atrair a incidência da suspensão dos direitos políticos, independentemente do fato de a pena privativa de liberdade ter sido posteriormente substituída pela restritiva de direitos (Recurso Especial Eleitoral nº 398-22/RJ. Rel. Min. Henrique Neves da Silva).

Conjuntura política. Circunstâncias produzidas num determinado período de tempo na sociedade que afetam as decisões políticas dos poderes constituídos.

Conscritos. A Constituição da República Federal do Brasil, no § 2º do art. 14, refere-se aos conscritos. A princípio são os recrutas ou os alistados no Exército, Marinha ou na Aeronáutica durante o período de prestação do serviço militar obrigatório.

Conselho Municipal. É um órgão de assessoramento à administração pública do Município na análise, planejamento, formulação e aplicação de políticas. Por exemplo, Conselho de Saúde, Consumidor e Desporto e Lazer.

Contas do Prefeito. Julgamento. Segundo precedente do Supremo Tribunal Federal, ao julgar o RE 261.885/SP, Rel. Min. Ilmar Galvão, "(...) Sendo o julgamento das contas do recorrente, como ex-chefe do Executivo Municipal, realizado pela Câmara de Vereadores mediante parecer prévio do Tribunal de Contas, que poderá deixar de prevalecer por decisão de dois terços dos membros da Casa Legislativa (arts. 31, § 1º, e 71 c/c o 75 da CF), *é fora de dúvida que*, no presente caso, em que o parecer foi pela rejeição das contas, não poderia ele, em face da norma constitucional sob referência, ter sido aprovado, sem que se houvesse propiciado ao interessado a oportunidade de opor-se ao referido pronunciamento técnico, de maneira ampla, perante o órgão legislativo, com vista à sua almejada reversão. Recurso conhecido e provido".

Contas partidárias. As contas dos partidos políticos são julgadas pela Justiça Eleitoral e podem ser: (i) **aprovadas**; (ii) **aprovadas com ressalvas**; (iii) **desaprovadas**; e (iv) **não prestadas**, ou seja, simplesmente não apresentadas. Se o órgão partidário **deixa de prestar contas** não receberá recursos do Fundo Partidário até ulterior regularização. Se a não prestação de contas for do órgão nacional partidário estará sujeito ao cancelamento do registro do partido nos termos do art. 28, III, da Lei nº 9.096/95. No caso de **desaprovação das contas partidárias** o órgão partidário deverá devolver a importância irregular ao Tesouro Nacional, além de pagar uma multa que é acrescida ao valor total em 20% (*vinte por cento*), conforme art. 37 da Lei nº 9.096/95.

Controle externo das contas. É da Câmara Municipal e será exercido com o auxílio do Tribunal de Contas do Município, ao qual compete apreciar as contas prestadas anualmente pelo Prefeito, **mediante parecer prévio** que deverá ser elaborado em sessenta dias a contar de seu recebimento; e **julgar as contas dos administradores** e demais responsáveis por dinheiros, bens e valores públicos da administração direta, indireta e fundacional e sociedades instituídas e mantidas pelo Poder Público, e as contas daqueles que derem causa a perda, extravio ou outra irregularidade de que resulte prejuízo ao erário. Compete à Câmara Municipal julgar as contas dos Prefeitos. Qualquer cidadão, partido político, associação ou sindicato é parte legítima para, na forma da lei, denunciar irregularidade ou ilegalidade perante o Tribunal de Contas.

Controle popular das contas. As contas do Município ficam, durante um período de tempo, anualmente, à disposição de qualquer contribuinte, para exame e apreciação, o qual poderá questionar sua legitimidade, nos termos da lei.

Convenção partidária. São assembleias realizadas pelos partidos políticos com a finalidade de deliberar sobre diversos temas. No entanto, nos anos de eleição o art. 8º da Lei nº 9.504/97 (Lei das Eleições) trata de datas entre os dias 20 de julho e 5 de agosto, quando são escolhidos os pré-candidatos ou "candidatos a candidatos". Dessa forma, quem não é escolhido na convenção partidária não será registrado na Justiça Eleitoral. E ainda, os partidos políticos que não celebram convenções no prazo legal não podem apresentar candidatos nas eleições. As convenções podem ser nacionais, estaduais e municipais.

Coronelismo. Poder exercido por proprietários rurais que os coloca como chefes absolutos da política local e os eleitos na posição de subserviência.

Crime de responsabilidade. Por exemplo, é crime de responsabilidade do Prefeito a prática de certas ações que possam atingir: a) o livre exercício do Poder Legislativo e do Tribunal de Contas do Município; b) a probidade na administração; c) o exercício dos direitos políticos, individuais e sociais; e d) o cumprimento das leis e das decisões judiciais. Desse modo, se for admitida a acusação contra o Prefeito, por dois terços da Câmara Municipal, será ele submetido a julgamento pelo Tribunal de Justiça do Estado, nas infrações penais comuns e nos crimes de responsabilidade. O Prefeito ficará suspenso de suas funções nas infrações penais comuns, se recebida a denúncia ou queixa-crime pelo Tribunal de Justiça do Estado e nos crimes de responsabilidade, após a instauração do processo pela Câmara Municipal. Se praticado crime federal, o Prefeito é julgado pelo Tribunal Regional Federal respectivo. Nos crimes eleitorais, pelo Tribunal Regional Eleitoral. No entanto, o Prefeito, na vigência do seu mandato, não pode ser responsabilizado por atos estranhos ao exercício de suas funções.

Crimes eleitorais. Os crimes eleitorais estão disciplinados, por exemplo, nos seguintes artigos: 289 a 354 do Código Eleitoral; 25 da LC nº 64/90; 11 da Lei nº 6.091/74; 15 da Lei nº 6.996/82; 33, §§ 3º e 4º; 34, § 2º; 39, § 5º; 40; 68, § 2º; 72; 91, parágrafo único; e 94, § 2º, da Lei nº 9.504/97 (Lei das Eleições). Ocorrendo, a conexão é uma forma de prorrogação da competência. A conexão está tratada no art. 76 do Código de Processo Penal. O art. 76, I, regula a conexão intersubjetiva; o inciso II trata da conexão material ou lógica e, por fim, o inciso III, da conexão probatória ou instrumental. Embora o Código Eleitoral seja omisso, o dispositivo se estende aos casos de continência. A jurisprudência do Supremo Tribunal Federal firmou-se no sentido de definir a locução constitucional "crimes comuns" como expressão abrangente de todas as modalidades de infrações penais, estendendo-se aos delitos eleitorais e alcançando, até mesmo, as próprias contravenções penais (STF. Pleno – Recl. 511-9/PB – Rel. Min. Celso de Mello, *Diário da Justiça*, Seção I, 15 de set. 1995 – *Ementário STJ*, 1.800-01).

D

Termos selecionados (em latim).

Data venia. Com a devida permissão. O mesmo que *permissa venia* e *concessa venia*.

De cujus. Pessoa que faleceu e está com a sucessão aberta. Autor de herança.

De verbo ad verbum. Palavra por palavra.

Dies venit. Dia de vencimento.

Dominus litis. Autor da lide.

Data-limite para arrecadação e despesas na campanha. A legislação eleitoral permite que seja até o dia da eleição o limite temporal em que o candidato pode arrecadar recursos e contrair obrigações.

Debates. Os debates eleitorais estão previstos na legislação eleitoral. Os debates legislativos podem ser divulgados antes do período oficial da propaganda eleitoral, pois não configura modalidade de propaganda antecipada (ilegal). As emissoras devem celebrar acordos com os candidatos que participam dos debates para fixarem regras sobre tempo, dia, hora, réplica, tréplica e outros assuntos. Versa o art. 46 da Lei nº 9.504/97, *in verbis*: "Independentemente da veiculação de propaganda eleitoral gratuita no horário definido nesta Lei, é facultada a transmissão por emissora de rádio ou televisão de debates sobre as eleições majoritária ou proporcional, assegurada a participação de candidatos dos partidos com representação no Congresso Nacional, de, no mínimo, cinco parlamentares, e facultada a dos demais, observado o seguinte".

Decisão de juiz eleitoral. Direito de Resposta. "Contra sentença proferida por juiz eleitoral nas eleições municipais é cabível recurso, nos autos do pedido de direito de resposta, no prazo de 1 (um) dia, assegurado ao recorrido o oferecimento de contrarrazões, nos mesmos autos, em igual prazo, a contar da sua intimação para tal finalidade (Lei nº 9.504/1997, art. 58, § 5º)".

Decisão do Tribunais Regionais Eleitorais. Membros. "As decisões dos tribunais eleitorais sobre quaisquer ações que importem cassação de registro, anulação geral de eleições ou perda de diplomas somente poderão ser tomadas com a presença de todos os seus membros (Código Eleitoral, arts.19, parágrafo único, e 28, § 4º)".

Decisão final de Juiz Auxiliar. Recurso. Direito de Resposta. "A decisão final proferida por juiz auxiliar nos autos do pedido de direito de resposta estará sujeita a recurso para o plenário do tribunal eleitoral no prazo de 1 (um) dia, assegurado ao recorrido o oferecimento de contrarrazões, em igual prazo, a contar da sua intimação (Lei nº 9.504/1997, art. 58, § 5º)".

Decoro parlamentar. As ações praticadas por Vereadores que atingem o decoro parlamentar, ou seja, a decência, estão previstas no Regimento Interno da Câmara Municipal e na Lei Orgânica do Município, sendo ainda utilizadas regras das Constituições Estaduais e Federal. O Tribunal Superior Eleitoral possui precedente, *in verbis*: "Recurso Especial nº 18.817/CE. Rel. Min. Maurício Corrêa: Vereador cassado por incompatibilidade com o decoro parlamentar, mas devidamente amparado por decisão judicial anulando o ato da Câmara Municipal. Afastamento da inelegibilidade. A ausência de recurso *ex officio* não pode prevalecer sobre o ato judicial que restabeleceu os direitos políticos de cidadão. Recurso conhecido e improvido. Registro deferido".

Decreto legislativo. Espécie de norma jurídica que possui previsão na Lei Orgânica do Município e serve para: a) concessão de licença ao Prefeito e ao Vice-Prefeito para afastamento do cargo ou ausência do Município; b) aprovação ou rejeição das contas do Município; e c) títulos honoríficos.

Decreto. Em sentido amplo significa um ato produzido por um dos poderes do Estado com força coercitiva. Em sentido restrito é um ato do chefe do Poder Executivo, por exemplo, do Prefeito com o cumprimento de atribuições.

Decreto-Lei nº 201/67. Dispõe sobre a responsabilidade dos Prefeitos e Vereadores.

Defensoria Pública. É uma instituição que defende as pessoas necessitadas, ou seja, que não podem pagar os advogados em seus honorários e custear as ações na Justiça. Trata-se de uma função digna e essencial à jurisdição do Estado, que serve para orientar juridicamente a defesa dos pobres e necessitados, cumprindo-lhe esgotar os meios de defesa em benefício dos acusados por crimes, além de propor ações para pedir alimentos, de separação e divórcio, para regularizar a propriedade e bens das pessoas, inclusive na defesa do consumidor. Existe a Defensoria Pública da União, dos Estados e Distrito Federal, e quem atua são os defensores públicos que ingressam na função por concurso público de provas e títulos.

Delegação legislativa. É uma espécie de autorização que é concedida ao Poder Executivo pelo Poder Legislativo com a finalidade de elaborar norma jurídica com força de lei.

Delegado partidário. São representantes partidários com maior âmbito de atuação do que os fiscais. Delegados e fiscais partidários atuam na votação e apuração das eleições podendo apresentar impugnações e recursos. Não podem ser menores de 18 (dezoito) anos nem mesários. As credenciais dos delegados e fiscais são fornecidas pelo próprio partido político.

Deliberações de plenário. Podem ser: a) por maioria simples de votos; b) por maioria absoluta de votos; e c) por dois terços dos votos da Câmara Municipal. A maioria simples exige a presença de metade mais um dos vereadores, o voto mínimo, de metade mais um do total de vereadores presentes. A maioria absoluta dos votos exige o voto mínimo de metade mais um do total de vereadores. As deliberações do Plenário serão tomadas por maioria simples de votos, com algumas exceções previstas no Regimento Interno da Câmara Municipal.

Demagogia. Espécie de propaganda política que apela para as paixões populares em apoio de um líder carismático uma de cenas espetaculares e midiáticas capazes de convencer significativa parcela de eleitores.

Democracia. A democracia pode ser conceituada como governo em que o povo exerce, de fato e de direito, a soberania popular, dignificando uma sociedade livre, na qual o fator preponderante é a influência popular no governo de um Estado. Origem etimológica: *demos* = povo e *kratos* = poder. No Brasil, a Constituição Federal vigente retrata nitidamente a democracia plebiscitária ou semidireta, por meio da adoção de instrumentos democráticos como o referendo, plebiscito, controle popular nas contas municipais (art. 31, § 3º), e iniciativa popular de projetos de lei. Significativas ainda são as definições de democracia dos seguintes autores: 1) Thomaz

Cooper (1975): *"É o governo do povo e para o povo"*; 2) Lincoln (1863): *"Governo do povo, pelo povo e para o povo"*; 3) Daniel Webster: *"O governo do povo, feito pelo povo, para o povo e responsável perante o povo"*; e 4) Theodoro Parker: *"Um governo de todo o povo, exercido por todo o povo, para todo o povo"*.

Desapropriação. O Município pode desapropriar por necessidade ou utilidade pública e será efetuada essa medida por justa e prévia indenização em dinheiro, admitida a indenização em títulos de dívida pública.

Desincompatibilização. Município diverso. Segundo precedente do TSE: "(...) se a candidata a vereadora exerce cargo em comissão de secretária escolar em Município diverso daquele no qual pretende concorrer, não é exigível a desincompatibilização de suas funções. 2. As regras de desincompatibilização objetivam evitar a reprovável utilização ou influência de cargo ou função no âmbito da circunscrição eleitoral em detrimento do equilíbrio do pleito, o que não se evidencia na hipótese, em que a candidata trabalha em localidade diversa à da disputa. Agravo regimental a que se nega provimento". *DJe* de 09/04/2013 (Agravo Regimental no Recurso Especial Eleitoral nº 67-14/CE. Rel. Min. Henrique Neves da Silva. Ementa: Eleições 2012). "(...) a desincompatibilização, *stricto sensu*, é denominação que se deve reservar ao afastamento definitivo, por renúncia, a exoneração, dispensa ou aposentadoria, do mandato eletivo, cargo ou emprego público gerador de inelegibilidade [...]" (RESPe nº 18.019, de 02/04/1992, Rel. Min. Sepúlveda Pertence).

Diplomação de militar. A diplomação de militar candidato a cargo eletivo implica a imediata comunicação à autoridade a que este estiver subordinado, para os fins do art. 98 do Código Eleitoral (Código Eleitoral, art. 218).

Diplomação de Prefeito e de vereador. Assim como os vices e suplentes, receberão diplomas assinados pelo Presidente da Junta Eleitoral (Código Eleitoral, art. 215, *caput*). Dos diplomas deverão constar o nome do candidato, a indicação da legenda do partido ou da coligação sob a qual concorreu, o cargo para o qual foi eleito ou a sua classificação como suplente e, facultativamente, outros dados a critério da Justiça Eleitoral (Código Eleitoral, art. 215, parágrafo único). Nas eleições majoritárias, se, à data da respectiva posse, não houver candidato diplomado, caberá ao Presidente do Poder Legislativo assumir e exercer o cargo, até que sobrevenha decisão favorável no processo de registro, ou, se já encerrado esse, realizem-se novas eleições, com a posse dos eleitos.

Direito de antena. É o tempo que os partidos políticos possuem para divulgar a propaganda dos seus candidatos no horário gratuito do rádio e televisão. No entanto, as emissoras possuem compensação fiscal. Assim, toda a sociedade acaba custeando o horário eleitoral. A gratuidade diz respeito à impossibilidade de as emissoras cobrarem valores dos partidos e candidatos para a veiculação dos programas.

Direito de petição. Segundo leciona Léon Duguit em seu (*Traité de Droit Constitutionnel*, v. II, 1911, p. 95), o Direito de petição é o que autoriza qualquer indivíduo a dirigir aos órgãos públicos ou agentes do poder público um escrito no qual exponha opiniões, pedidos ou queixas. É uma consequência da liberdade individual, em geral, e da de opinião, em particular. Cada um tem o direito de expor o que pensa a respeito dos negócios públicos e o de não ser vítima silenciosa e resignada de atos arbitrários de agentes de autoridade. A origem do direito de petição é a Declaração de Direitos, *Bill of rights, Inglaterra, em 1688.* A base constitucional hodierna é no art. 5º, XXXIV, alínea "a", da Carta Magna. As petições podem versar sobre diversos assuntos, sejam eles de natureza pública ou particular. A lei, portanto, prevê a notícia criminal. O direito de petição, presente em todas as Constituições brasileiras, qualifica-se como importante prerrogativa de caráter democrático. Trata-se de instrumento jurídico-constitucional posto à disposição de qualquer interessado mesmo aqueles destituídos de personalidade jurídica, com a explícita finalidade de viabilizar a defesa, perante as instituições estatais, de direitos ou valores revestidos tanto de natureza penal quanto de significação coletiva (STF. Min. Celso Mello, 1995, ADI 1.247-PA, medida cautelar). Se o noticiante dá causa à instauração de investigação policial ou processo contra alguém, sabendo-o inocente pratica "em tese", o delito do art. 339 do Código Penal. A objetividade jurídica do art. 339 é o interesse na salutar administração da justiça.

Direito de resposta. "A partir da escolha de candidatos em convenção, é assegurado o exercício do direito de resposta ao candidato, ao partido político ou à coligação atingidos, ainda que de forma indireta, por conceito, imagem ou afirmação caluniosa, difamatória, injuriosa ou sabidamente inverídica, difundidos por qualquer veículo de comunicação social (Lei nº 9.504/1997, art. 58, *caput*)".

Direito de reunião. O direito de reunião está intimamente relacionado com o direito de associação. A Carta Magna assegura o direito de reunião: art. 5º, XVI – "todos podem reunir-se pacificamente, sem armas, em locais abertos ao público, independentemente de autorização, desde que não frustrem outra reunião anteriormente convocada para o mesmo local, sendo apenas exigido prévio aviso à autoridade competente". Leciona o Ministro do STF Alexandre de Moraes: "São elementos da reunião: pluralidade de participantes, tempo, finalidade e lugar. Pluralidade de participantes: a reunião é considerada forma de ação coletiva. Tempo: toda reunião deve ter duração limitada, em virtude de seu caráter temporário e episódico. Finalidade: a reunião pressupõe a organização de um encontro com o propósito determinado, finalidade lícita, pacífica e sem armas. Anote-se, porém, como lembra Celso de Mello, que não será motivo para dissolução da reunião o fato de alguma pessoa estar portando arma. Nesses casos, deverá a polícia desarmar ou afastar tal pessoa, prosseguindo-se a reunião, normalmente, com os demais participantes que não estejam armados. Lugar: a reunião deverá ser realizada em local delimitado, em área certa, mesmo que seja um percurso móvel, desde que predeterminada. Assim, as passeatas, os comícios, os desfiles estão englobados no direito de reunião, sujeitando-se, tão somente, aos requisitos constitucionais, da mesma forma que os cortejos e banquetes com índole política" (Alexandre de Moraes. *Direito Constitucional*. 11ª ed. São Paulo: Atlas, p. 99).

Direito doméstico. Para o doutrinador Franz Von Liszt, o direito doméstico ou domiciliário "(...) é o interesse juridicamente protegido da livre manifestação da própria vontade na própria casa, do livre governo do lar doméstico; bem juridicamente aparentado com a liberdade individual, mas de natureza especial" (Franz Von Liszt, *Tratado de Direito Penal Alemão*, tomo II, 1899, p. 175). A Carta

Magna assegura a inviolabilidade de domicílio. O art. 5º, XI, disciplina que: "A casa é o asilo inviolável do indivíduo; ninguém nela podendo penetrar sem o consentimento do morador, salvo em caso de flagrante delito ou desastre, ou para prestar socorro, ou, durante o dia, por determinação judicial". Como visto, o dispositivo legal encontra abrigo na norma constitucional e em concepções jusnaturalistas dos direitos fundamentais do homem.

Direito eleitoral. Podemos conceituar o Direito Eleitoral como ramo do Direito Público que disciplina o alistamento eleitoral, o registro de candidatos, a propaganda política eleitoral, a votação, apuração e diplomação, além de regularizar os sistemas eleitorais, os direitos políticos ativos e passivos, a organização judiciária eleitoral, dos partidos políticos e do Ministério Público, dispondo de um sistema repressivo penal especial.

Direito fundamental. Conjunto de regras previstas na Constituição da República Federativa do Brasil e em tratados internacionais, bem como nas Cartas Estaduais e Leis Orgânicas Municipais, e ainda, na legislação infraconstitucional que asseguram a liberdade, a vida, a saúde, educação e outros direitos essenciais para o cidadão. O Município rege-se por Lei Orgânica e pela legislação local, observados os princípios estabelecidos na Constituição da República e na Constituição do Estado assegurando a plena defesa dos direitos fundamentais da pessoa.

Direito parlamentar. É um conjunto de normas legais e regimentais que tratam da atividade do Poder Legislativo, ou seja, das prerrogativas, deveres e outras matérias pertinentes ao voto para a formação da legislação específica.

Direito político. Efetiva-se em poder votar e ser votado. A Carta Magna dispõe, nos arts. 14 a 16, sobre os direitos políticos, no sentido de conjunto de normas que regulam a atuação da soberania popular. Essas normas referem-se ao consectário lógico natural do art. 1º, parágrafo único, quando diz que o poder emana do povo, que o exerce por meio de seus representantes eleitos diretamente. Todavia, a Carta Magna traça apenas as linhas mestras dos princípios básicos que devem ser observados sobre os direitos políticos, cabendo ao Código Eleitoral, à Lei das Inelegibilidades e à Lei dos Partidos Políticos minudenciar os exatos campos de incidência e limites dos direitos políticos. Os direitos políticos podem ser dividi-dos em exteriorização de **capacidades ativas e passivas**: (i) as **ativas** ocorrem, quando o eleitor exerce o direito de voto, após o preenchimento dos atributos legais impostos ao deferimento do alistamento eleitoral. Só pode votar quem está devidamente alista-do; e (ii) as **passivas** são verificadas na condição de elegibilidade, na ausência de inelegibilidades, perda ou suspensão dos direitos políticos.

Diretório. Órgão do partido político com atribuições definidas no estatuto partidário. É um grupo de dirigentes de um partido políti-co de natureza colegiada e que trata da gestão administrativa.

Disponibilidade. O servidor público que goza de estabilidade será colocado em disponibilidade em razão de extinção ou da declara-ção de desnecessidade do cargo, auferindo proventos proporcio-nais ao tempo de serviço.

Distrito Federal. É uma parte que integra a Federação brasileira. Trata-se de uma pessoa política de direito público interno. Na ver-dade, o território do Distrito Federal compreende Brasília, que é a Capital da União e sede do Governo Federal. O território do Distrito Federal engloba Brasília, mas ele é parte integrante da República Federativa do Brasil. O território do Distrito Federal não pode ser dividido em Municípios.

Ditadura. Trata-se de uma estrutura política que concentra na figura de uma pessoa a liderança dominante na sociedade. O Poder Executi-vo possui características centralizadoras e autoritárias tornando os demais poderes submissos e extremamente dependentes.

Divisão administrativa. Trata da divisão territorial municipal. O território do Município poderá ser dividido em distritos, criados, organizados e suprimidos por lei municipal, observadas a legisla-ção estadual e a consulta plebiscitária. Por outra, depende de pré-via aprovação da Câmara Municipal a participação do Município em região metropolitana, aglomeração urbana ou microrregião.

Documentos aceitos para o voto do eleitor. Segundo o artigo 94 da Resolução TSE nº 23.611/2019: "Para comprovar a identidade do eleitor perante a mesa receptora de votos, serão aceitos os se-guintes documentos: I e-Título; II carteira de identidade, identidade social, passaporte ou outro documento de valor legal equivalente, inclusive carteira de categoria profissional reconhecida por lei; III certificado de reservista; IV carteira de trabalho; V carteira nacional de habilitação.§ 1º Os documentos relacionados no *caput* poderão ser aceitos ainda que expirada a data de validade, desde que seja possível comprovar a identidade do eleitor. § 2º Não será admitida certidão de nascimento ou de casamento como prova de identidade do eleitor no momento da votação".

Doge. Expressão utilizada na Itália nas antigas repúblicas de Gênova e Veneza, no século XI, que designava a pessoa que foi eleita para a chefia do Estado.

E

Termos selecionados (em latim).

Exceptio non adimpleti contractus. Exceção de contrato não cumprido.

Exceptio ordinis. Exceção de ordem.

Exceptio veritatis. Exceção da verdade.

Ex consensu. Pelo consenso.

Ex die. Termo inicial de prazo.

Ex lege. Por lei.

Ex more. Conforme o costume.

Ex positis. Pelo exposto. Isto posto.

Ex ratione materiae. Em razão da matéria.

Ex rigore iuris. Conforme o rigor da lei.

Ex vi legis. Por força da lei.

Edital. É um ato escrito que é divulgado pela imprensa periódica e afixado, por cópia, em determinado local público, que é a sede do juízo contendo determinação ou aviso emanado da autoridade judicial competente.

Edito. Eram decisões de pretores que tinham força de Lei nº Direito Romano. Ato discricionário.

Efetivo. Classifica o funcionário concursado ou todo cargo que é exercido em caráter permanente.

Elegibilidade. A elegibilidade significa que o candidato possui condições constitucionais e infraconstitucionais de obter o deferimento da candidatura pela Justiça Eleitoral. O art. 14, § 3º, incisos I a VI, da Constituição da República Federativa do Brasil consagra hipóteses que formam o instituto jurídico eleitoral das condições de elegibilidade. Desse modo, ser elegível é possuir a capacidade eleitoral passiva, o *ius honorum*.

Eleitorado. Conjunto de cidadãos aptos ao exercício da capacidade eleitoral ativa, ou seja, votar na escolha de representantes ou em plebiscitos e referendos. A expressão possui o sentido de eleitores manipulados por partidos e líderes políticos ou por um candidato. Utiliza-se a palavra *flutuante* para designar os eleitores descomprometidos com partidos políticos.

Elite. Representa uma minoria dominante na sociedade em razão do carisma, prestígio e competência econômica ou hereditária. Fala-se em elite política para abranger técnicos, intelectuais e pessoas com elevado grau de influência nos eleitores e na população em geral.

Encampação. Espécie de rescisão de contrato administrativo, em que o ente público se apodera de serviço que seja objeto de concessão pública antes do fim do contrato.

Escrutínio. É a verificação e apuração dos votos em determinada eleição. No voto manual por cédulas os escrutinadores devem contar os votos para os candidatos, e separar os votos nulos e em branco na forma legal. Com a urna eletrônica a votação e apuração decorrem do sistema informatizado. No escrutínio público o voto era aberto e declarado. Já no escrutínio secreto preserva-se o sigilo do voto em prol da liberdade do eleitor.

Esquerdismo. A pessoa ou grupo que adota posições consideradas de esquerda com atitudes ideológicas vinculadas ao comunismo e de oposição ao direitismo. Já o direitismo está vinculado a posições conservadoras na sociedade.

Estabilidade. É um direito que possui o servidor estatutário que foi regularmente nomeado por concurso público. Não se aplica aos titulares de cargo em comissão. A estabilidade diz respeito ao serviço e não ao cargo. Se o servidor fez concurso para a área da saúde e, depois de adquirir estabilidade fizer outro concurso para a área administrativa educacional terá que passar por novo estágio probatório. A estabilidade é um atributo jurídico do liame administrativo que se estabelece entre o Estado e o servidor nomeado para os cargos de provimento efetivo. Tal vínculo jurídico enseja uma garantia para o servidor no sentido de que a qualidade do cargo como de provimento efetivo não será desfeita em qualquer hipótese por mero ato discricionário da Administração Pública, mas sim nos casos definidos em lei e mediante o devido processo legal.

Estado. "(...) Os Estados-membros são as organizações jurídicas das coletividades regionais para o exercício, em caráter autônomo, da parcela de soberania que lhes é deferida pela Constituição Federal. Fica claro, pois, que os Estados-membros não são soberanos, como, de resto, não o é a própria União. É traço característico do Estado federal e a convivência, em igual nível jurídico, entre o órgão central, encarregado da defesa dos interesses gerais e com jurisdição em todo território nacional, e órgãos regionais, que perseguem objetivos próprios, dentro de uma porção do território nacional" (Celso Ribeiro Bastos. *Curso de Direito Constitucional*. São Paulo: Celso Bastos Editora, 2002, p. 503). Os Estados federados ou membros possuem capacidades de: 1) administração = cuidar das regras próprias dos serviços públicos (policiais, presos, hospitais, escolas e outras); 2) legislação = tratar de regras próprias para o Estado, através dos deputados Estaduais que são eleitos pelo voto secreto e popular; 3) organização = possuir uma Constituição Estadual própria. Cada Estado tem suas leis, mas deve obedecer ao texto da Constituição da República Federativa do Brasil; e 4) governo = organizar o governo local, tratando das competências do governador e disciplinando certos temas do Poder Judiciário.

Estatuto político. Expressão que pode ser vinculada ao sinônimo de Carta Constitucional. Pode se referir também ao Estatuto Partidário.

Estrutura de uma lei. A Lei Complementar nº 95, de 26 de fevereiro de 1998, disciplina o tema, a saber: "Art. 3º A lei será estruturada em três partes básicas: I – parte preliminar, compreendendo a epígrafe, a ementa, o preâmbulo, o enunciado do objeto e a indicação do âmbito de aplicação das disposições normativas; II – parte normativa, compreendendo o texto das normas de conteúdo substantivo relacionadas com a matéria regulada; III – parte final, compreendendo as disposições pertinentes às medidas necessárias à implementação das normas de conteúdo substantivo, às disposições transitórias, se for o caso, a cláusula de vigência e a cláusula de revogação, quando couber".

Executivo. O Poder Executivo tem por função precípua a de administração, de execução de atividades inerentes ao Estado. Em âmbito federal, no sistema presidencialista como o brasileiro, tem por chefe o Presidente da República, que exerce as funções de chefe de governo e chefe de Estado. Como chefe de governo, exerce funções de governo internas, referentes aos comandos dentro do país. Já em relação às funções inerentes à chefia de Estado, tais se referem ao trato no relacionamento internacional, ou seja, a representação do país perante a comunidade internacional. O chefe do Executivo conta com uma estrutura de Ministérios, Secretarias e outros órgãos que lhe dão suporte nas diferentes atribuições constitucionais que detém. O Distrito Federal não possui subdivisões em Municípios. Logo, o chefe do Executivo é o governador, que acaba por acumular as atribuições do Executivo estadual e municipal. Na esfera estadual, a chefia do Executivo é exercida pelo governador, que também possui grande suporte para o exercício de sua função constitucional, como Secretarias de Estado e outros tantos órgãos que descentralizam a atividade para sua melhor execução. A execução das atividades no âmbito de cada Estado, portanto, compete ao respectivo governador. Em cada Município, a função executiva é exercida pelo Prefeito, que detém atribuições inerentes à realidade local. Suas atribuições também são previstas na Constituição Federal.

Exercício. É o fato que comprova o início de trabalho do servidor que passa a perceber remuneração. É o desempenho de suas funções.

Exoneração de ofício ou *ex officio*. Ocorre nas hipóteses de cargo em comissão; se o servidor não entrar em exercício no prazo fixado em lei; e se o servidor de cargo efetivo não satisfizer as legais condições pertinentes aos estágio probatório.

Exoneração. Espécie de ato administrativo no qual o ente desliga o funcionário público do seu cargo. No caso dos cargos em comissão, trata-se de desligamento desvinculado. O servidor público em estágio probatório pode ser exonerado sem inquérito ou sem o mínimo de formalidades legais? Não. Exige-se pela melhor doutrina e jurisprudência uma apuração legal com defesa (processo administrativo). A exoneração durante o estágio probatório é uma penalidade? Não. É mecanismo de autopreservação da Administração Pública. A exoneração é uma dispensa por interesses do servidor ou da própria Administração. A exoneração pode ser: *ex officio*, ou seja, a dispensa parte da Administração ou, a pedido, quando a dispensa advém de iniciativa do servidor público.

Expurgo. Expressão que se vincula a um determinado procedimento em que o partido político afasta filiados em razão de infidelidade partidária.

F

Termos selecionados (em latim).

Ficta possessio. Posse fictícia.

Fumus boni juris. Presunção de legalidade. Plausibilidade do direito. Vulgarmente denominado "fumaça do bom direito".

Facção. É uma parte de um grupo político que é conhecido pela radicalização das ideias e ações na sociedade. Pode derivar de uma parte dissidente de um partido político.

Família. A palavra se origina do latim *famulus*. É o habitante de uma casa. No entanto, o sentido é de um conjunto de pessoas que estão vinculadas por laços comuns de parentesco. Pode-se resumir dizendo: "(...) conjunto de pessoas, a família se constitui de pais e filhos, vivendo em comum ou sob o mesmo teto. Em sentido mais amplo, a família abrange todos os ascendentes e descendentes ligados a um mesmo tronco ancestral, ou a um antepassado, real ou fictício, senão a um ser ou objeto simbólico, como é o totem nos povos pré-históricos" (Joaquim Pimenta. *Enciclopédia de Cultura.*

1ª ed. Rio de Janeiro: Livraria Freitas Bastos, 1955, p. 140). "Das instituições sociais que mais contribuem para a formação básica, a família é predominante no sistema social brasileiro. Durante muito tempo e ainda hoje, em extensas zonas do Brasil, ela representa o grupo social por excelência, centro maior dos relacionamentos e foco das interações individuais" (*Dicionário de Ciências Sociais*, 2ª ed. MEC-Fundação Getulio Vargas, 1987).

Fato consumado. Aquele que está concluído, do qual não cabe mais qualquer modificação.

Fato jurídico. Trata-se de acontecimento natural ou humano tendente a produzir efeitos jurídicos.

Fato político. É um fenômeno que desperta interesse da ciência política porque se apresenta no cenário social e eleitoral externando o poder e a influência no eleitorado.

Federação. Podemos conceituar a Federação como: "União de Estados autônomos, como o Brasil, vinculados a um governo central, único detentor do poder de soberania. Difere da confederação porque, nesta, os Estados que formam, se mantém soberanos entre si. À Federação opõe-se a forma de Estado unitário, como a República francesa, como foi o Império no Brasil, Estado territorialmente dividido em províncias ou em vastos setores de administração, diretamente subordinados a um governo central" (Joaquim Pimenta, *Enciclopédia de Cultura*, 1ª ed. Rio de Janeiro: Livraria Freitas Bastos, 1955, p. 146). Por federalismo entende-se o sistema político que: a) defende ou estabelece um governo central para todo o país e determinados governos regionais autônomos (Estados, províncias, Lander, cantões) para as demais unidades territoriais; b) distribui os poderes e funções do governo entre os governos central e regionais; c) atribui às unidades regionais um conjunto de direitos e deveres; d) autoriza os governos de ambos os níveis a legislar, tributar e agir diretamente sobre o povo; e) fornece vários mecanismos e procedimentos para a resolução de conflitos e disputas entre governos central e regionais, bem como entre duas ou mais unidades regionais (*Dicionário de Ciências Sociais*. 2ª ed. Fundação Getulio Vargas – MEC, 1987, p. 471). O Estado Federal brasileiro foi constituído de dentro para fora, ou seja, inicialmente os poderes eram concentrados num Estado Unitário que foi delegando para regiões territoriais autonomias políticas e de governo. Diz-se que a Federação brasileira se deu por SEGREGAÇÃO (de centro do País para todo o território) e não por AGREGAÇÃO (como foi o caso dos Estados Unidos da América, quando os Estados independentes abriram mão de parte da autonomia para formar a Federação). **Quais são as entidades que formam a FEDERAÇÃO BRASILEI-RA?** São a União, os Estados, o Distrito Federal e os Municípios.

Fidelidade partidária. A Lei dos Partidos Políticos no Brasil, Lei nº 9.096/95 disciplina a fidelidade partidária. Os Estatutos Partidários tratam de diretrizes que devem ser cumpridas pelos filiados e parlamentares. Por exemplo, versa o art. 25 da norma acima: "O estatuto do partido poderá estabelecer, além das medidas disciplinares básicas de caráter partidário, normas sobre penalidades, inclusive com desligamento temporário da bancada, suspensão do direito de voto nas reuniões internas ou perda de todas as prerrogativas, cargos e funções que exerça em decorrência da representação e da proporção partidária, na respectiva Casa Legislativa, ao parlamentar que se opuser, pela atitude ou pelo voto, às diretrizes legitimamente estabelecidas pelos órgãos partidários".

Filiação partidária. É o vínculo estabelecido entre o cidadão e o Partido Político. Para que o cidadão possa se candidatar nas eleições majoritárias ou proporcionais é imprescindível a sua filiação partidária. O prazo mínimo é de 6 (seis) meses, segundo previsto no art. 9º da Lei nº 9.504/97. Esse prazo é contado da data da eleição (primeiro turno). Por exemplo, Eleições Presidenciais de 07/10/2018. O prazo limite de filiação em determinado Partido Político era até 07/04/2018. A filiação partidária é uma condição de elegibilidade constitucional, art. 14, § 3º, inciso V, da Constituição da República Federativa do Brasil.

Financiamento coletivo na campanha eleitoral. Trata-se de previsão legal que permite aos eleitores doarem dinheiro para as campanhas eleitorais. Para essa finalidade exigem-se requisitos específicos, por exemplo, o cadastramento de uma instituição responsável pela arrecadação na Justiça Eleitoral e identificação dos eleitores pela CPF com os valores doados, além de outras regras.

Força eleitoral. É o poder que o candidato possui de conquistar votos perante determinado segmento da sociedade ou em determinada circunscrição territorial eleitoral, ou seja, numa cidade, bairro ou região.

Forças Armadas. São valiosas as lições de Otto Costa sobre as Forças Armadas, a saber: "(...) É difícil remontar-se às origens das forças militares. Deve admitir-se que, desde os primeiros tempos, o homem sentiu necessidade de fazer repousar, no poder militar, toda a organização da sociedade, toda a sua estrutura e todo o seu funcionamento, pois, somente pela força, pelas armas, é que ele poderia impor-se e repelir qualquer agressão. Confundiam-se, assim, outrora, todos os poderes – fosse civil, militar, religioso – na autoridade suprema, que dirigia os destinos do povo. As próprias Constituições tiveram, inicialmente, o caráter militar, para, somente depois, revestirem-se do cunho de defesa dos direitos e garantias individuais e das demais prerrogativas civis hoje vitoriosas, em face das conquistas da civilização. A criação dos primeiros exércitos profissionais remonta a Grécia e a Roma, e data dos séculos IV e V antes de Cristo, respectivamente. Assim, na Grécia, o serviço militar já era obrigatório, 300 anos antes de cristo; a Cavalaria era ocupada pelos nobres; a Infantaria, pela classe média; e a pobreza compunha as tropas ligeiras. Em Roma, criaram as Legiões divididas em Centúrias e se constituíram exércitos permanentes, a fim de se garantir as fronteiras do Império Romano. Na Idade Média, prosseguiu a junção das forças militares, civis e religiosas, a qual se extinguiu com a Realeza, consolidando-se, a posição das mesmas, com a Revolução Francesa. As Constituições, em seguida, referiram-se a essas forças como salvaguarda das instituições e do Governo, o mesmo ocorrendo com as do Brasil, seja a Monárquica, sejam as Republicanas. Todas elas caracterizaram as Forças Armadas como instituições nacionais permanentes e regulares, cujo objetivo consiste na manutenção da integridade territorial da Pátria. A sua finalidade é, pois, a defesa externa do País, mas, ao lado desta, o zelo pela ordem interna, pela garantia dos Poderes da República, pela Segurança Nacional e o respeito à Lei e à Constituição. Repousam nos princípios da hierarquia e da disciplina" (*Educação Moral e Cívica*, Editora do Brasil S/A, 1975, p. 324).

Forças políticas. São observadas em grupos que influenciam a vida política em sociedade. Grupos de pressão e as associações. As forças políticas podem ser institucionalizadas, por exemplo, os Partidos Políticos.

Fraude eleitoral. É a ação de enganar, ludibriar por artifício malicioso a boa-fé dos eleitores manipulando o processo de propaganda política eleitoral, votação e apuração dos votos. Contra a fraude eleitoral, além do aspecto penal é cabível a ação de impugnação ao mandato eletivo prevista no art. 14, §§ 10 e 11, da Carta Constitucional.

Frentes. As Frentes são entes despersonalizados ou pessoas formais que possuem legitimidade ativa eleitoral e atuam nas campanhas plebiscitárias defendendo ideologias. A formação das Frentes ocorre com a convenção especial destinada a deliberar sobre o tema dos plebiscitos. A Frente deve ser registrada na Justiça Eleitoral, por exemplo, Tribunal Regional Eleitoral, e representada pelo Presidente escolhido na convenção.

Função pública. É a competência ou atribuição exercida pelo servidor público dentro da organização administrativa. Todo o cargo tem função? Sim, pois as missões, tarefas e a execução dos serviços é imprescindível. Quem é titular de um cargo é considerado servidor público? Sim, servidor estatutário.

Fundo Especial de Financiamento de Campanha. A Lei nº 13.487, de 6 de outubro de 2017, criou o Fundo Especial de Financiamento de Campanha (FEFC), que fora complementado pela Lei nº 13.488, publicada na mesma data, as quais incluíram, respectivamente, os arts. 16-C e 16-D, com seus parágrafos e incisos no corpo da Lei das Eleições (Lei nº 9.504/97). O art. 79 da referida Lei nº 9.504/97 já dizia que *"o financiamento das campanhas eleitorais com recursos públicos será disciplinado em lei específica"*. Assim, para o FEFC, o Tesouro Nacional deposita os recursos no Banco do Brasil sob o controle inicial do Tribunal Superior Eleitoral, sendo que os partidos políticos recebem o dinheiro após definição dos critérios de distribuição que, aliás, são aprovados por maioria absoluta dos membros do órgão de direção executiva nacional de cada partido. Não se pode olvidar que os partidos políticos continuarão recebendo recursos públicos do Fundo Especial de Assistência Financeira aos Partidos (Fundo Partidário), conforme art. 38 da Lei nº 9.096/95, que não foi revogado pelas Leis nº 13.487 e 13.488, de 2017. Assim, subsistem dois sistemas públicos de financiamento partidário e eleitoral.

Fundo Partidário. A previsão está na Lei dos Partidos Políticos. Lei nº 9.096/95, ou seja, é o fundo especial de assistência aos partidos políticos, constituído pelas multas e penalidades eleitorais, recursos financeiros legais, doações espontâneas privadas, dotações orçamentárias públicas.

G

Termos selecionados (em latim).

Genus commune. Gênero comum.

Gratia argumentandi. Para argumentar.

Gravi de causa. Por causa grave.

Gravis culpa. Culpa grave.

Gravis testis. Testemunha fidedigna.

Grosso modo. Superficialmente.

Garantia do bem-estar. A Constituição da República, no art. 182, tutela a "garantia do bem-estar dos seus habitantes", objetivando a política de desenvolvimento urbano.

Gastos advocatícios na eleição. O Egrégio Tribunal Superior Eleitoral editou a Resolução nº 23.607/2019 e no artigo 4º, §5º assim disciplinou: "Os gastos advocatícios e de contabilidade referentes a consultoria, assessoria e honorários, relacionados à prestação de serviços em campanhas eleitorais e em favor destas, bem como em processo judicial decorrente de defesa de interesses de candidato ou partido político, não estão sujeitos a limites de gastos ou a limites que possam impor dificuldade ao exercício da ampla defesa (Lei nº 9.504/1997, art. 18-A, parágrafo único)". E ainda no §3º do art. 35 da resolução: "As despesas com consultoria, assessoria e pagamento de honorários realizadas em decorrência da prestação de serviços advocatícios e de contabilidade no curso das campanhas eleitorais serão consideradas gastos eleitorais, mas serão excluídas do limite de gastos de campanha (Lei nº 9.504/1997, art. 26, § 4º)".

Gastos eleitorais. Os gastos eleitorais estão sujeitos a contabilidade para a prestação de contas das campanhas eleitorais e dos partidos políticos. Desse modo, a compra de panfletos, confecção de sítios na *internet*, aluguel de veículos, combustível, passagens, e outras despesas devem ser declaradas à Justiça Eleitoral. O art. 30-A da Lei nº 9.504/97 trata de uma representação por captação ou gastos ilícitos de recursos nas campanhas, Por exemplo, "Caixa 2", ou seja, além do aspecto penal, art. 350 do Código Eleitoral, o candidato poderá ter o diploma negado, anulado e ainda ficar inelegível (art. 1º, inciso I, letra "j", da Lei Complementar nº 64, de 18 de maio de 1990).

Golpe de Estado. É uma mudança de governabilidade que decorre de um procedimento excepcional com alteração da ordem constitucional vigente. Trata-se de uma ação ilegal e ilegítima, quando prevalece o interesse de um grupo dominante.

Governo municipal. É constituído pelos Poderes Legislativo e Executivo, independentes e harmônicos entre si. Prefeito é o que governa uma região geopolítica.

Gratuidade. São gratuitos todos os procedimentos administrativos necessários ao exercício da cidadania. O cidadão tem o direito de tomar conhecimento, gratuitamente, do que constar a seu respeito nos registros ou bancos de dados públicos municipais, bem como do fim a que se destinam essas informações, podendo exigir, a qualquer tempo, sua retificação e atualização, desde que solicitado por escrito. Essa regra geralmente consta das Leis Orgânicas municipais.

Grupo de pressão. Trata-se de uma espécie radical de certos grupos de interesse, ou seja, reunião de pessoas que com objetivos comuns exercem influência significativa nos rumos de um governo. Difere-se do Partido Político que é constituído com uma natureza de permanência na ordem política e jurídica. Existe referência ao grupo de tensão. Os grupos agem com a opinião pública.

Guerra. A guerra pode ser definida em três sentidos: "(...) 1. A guerra pode indicar uma situação reconhecida socialmente em que se verificam hostilidades armadas de extensão considerável entre duas ou mais nações. Estados ou governos, de modo mais ou menos contínuo. 2. O direito interno de um Estado pode estabelecer que a guerra é uma situação de hostilidade armada entre esse e outro Estado ou facção política, ou entre dois outros Estados ou facções políticas, situação esta declarada ou reconhecida como de guerra pelo órgão competente. 3. Guerra, no direito internacional contemporâneo, é o conflito armado entre duas ou mais nações que se declaram soberanas, colocando-se numa situação de igualdade jurídica em relação a outros Estados" (*Dicionário de Ciências Sociais*, 2ª ed. MEC-Fundação Getulio Vargas, 1987, p. 533).

H

Termos selecionados (em latim).

Habeas corpus. Remédio jurídico cujo objetivo é garantir a liberdade de locomoção contra coação ilegal ou abuso de autoridade.

Habeas data. Garantia constitucional que tutela a prestação de informações do interessado que se encontram em banco de dados de entidades públicas, pertencente a qualquer cidadão.

Habemus pro veritate. Tem-se por verdade.

Homo forensis. O advogado.

Honoris causa. Por motivo honorífico. Título honorífico. Homenagem concedida à pessoas ilustres.

Hansenianos. O art. 134 do Código Eleitoral assegura que: "Nos estabelecimentos de internação coletiva para hansenianos serão sempre utilizadas urnas de lona". E o art. 130 assim versa: "Nos estabelecimentos de internação coletiva de hansenianos, os membros das mesas receptoras serão escolhidos de preferência entre os médicos e funcionários sadios do próprio estabelecimento".

Hasta pública. Venda judicial de imóveis públicos.

Hino nacional. O Hino Nacional foi oficializado em 1890, e compõe-se da música escrita por Francisco Manoel da Silva e da letra de autoria do poeta Osório Duque Estrada.

Horário gratuito. Espaço temporal concedido por lei para que as emissoras de rádio e televisão divulguem a campanha eleitoral dos candidatos. As emissoras têm compensação fiscal pela cedência do horário. O horário gratuito também é utilizado nas campanhas plebiscitárias.

I

Termos selecionados (em latim).

Impedimenti causa cessante, cessat impedimentum. Cessada a causa, cessa o impedimento.

In contrarium sensum. Em sentido contrário.

In dubio pro reo. Na dúvida, a decisão é em favor do réu.

In dubio pro societate. Na dúvida, a decisão é em favor da sociedade.

In verbis. Nas palavras.

Intuitu personae. Em consideração à pessoa.

Ideologia. Sistema de ideias, soma de princípios políticos que regulam determinada doutrina tida como fundamental.

Idoneidade. Reputação ilibada de que goza determinada pessoa.

Igualdade eleitoral. O princípio da igualdade possui diversas vertentes de interpretação na doutrina e na jurisprudência, art. 5º da Lei Maior. No âmbito eleitoral, podemos identificar sua aplicabilidade de proteção em **três níveis:** em relação **aos eleitores**; aos **partidos políticos e candidatos**; e nas **ações eleitorais** ou representações, ou seja, no processo contencioso eleitoral.

Impeachment. Procedimento previsto na Constituição da República de 1988 que visa a cessar o mandato de governante, seja ele Presidente da República, Governador ou Prefeito, bem como pode ser aplicável aos Ministros dos Tribunais Superiores e Ministros de

Estado, em razão de prática de crimes de responsabilidade no exercício do cargo.

Impedimento dos vereadores. São as chamadas incompatibilidades do art. 54 da Lei Maior que se aplicam aos vereadores. Por exemplo: I – **desde a expedição do diploma**: a) firmar ou manter contrato com pessoa jurídica de direito público, autarquia, empresa pública, sociedade de economia mista ou empresa concessionária de serviço público, salvo no caso de contrato de adesão; b) aceitar ou exercer cargo, função ou emprego remunerado, inclusive os demais de que sejam demissíveis sem causa justificada, nas entidades constantes da alínea anterior; II – **desde a posse**: a) ser proprietários, controladores ou diretores de empresa que goze de favor decorrente de contrato com pessoa jurídica de direito público, ou nela exercer função remunerada; b) ocupar cargo ou função de que sejam demissíveis sem causa justificada, nas entidades referidas no inciso I, alínea "a"; c) patrocinar causa em que seja interessada qualquer das entidades a que se refere o inciso I, alínea "a"; e d) ser titulares de mais de um cargo ou mandato público eletivo.

Imunidade dos vereadores. Geralmente existe previsão na Lei Orgânica municipal, por exemplo, as imunidades dos vereadores subsistirão durante estado de sítio, só podendo ser suspensas mediante o voto de dois terços dos membros da Câmara Municipal, no caso de atos praticados fora de seu recinto, que sejam incompatíveis com a execução da medida.

Inabilitação. Sobre a inabilitação, cumpre enfatizar que a legislação vigente a consagra nos seguintes dispositivos legais: art. 52, parágrafo único, da Constituição Federal; arts. 104 e 106 do Código Penal Militar; art. 4º da Lei nº 7.106, de 28/06/1983; arts. 2º, 31, 33 e 34 da Lei nº 1.079, de 10/04/1950; art. 2º da Lei nº 3.528, de 03/01/1959 e art. 1º, § 2º, do Decreto-Lei nº 201, de 27/02/1967. Qual a natureza jurídica da inabilitação? a) Dalmo de Abreu Dalari diz que é suspensão dos direitos políticos. b) Godofredo da Silva Teles, é perda dos direitos políticos. c) Antônio Carlos Mendes, é inelegibilidade. d) A inabilitação não gera, pela maioria da doutrina, a suspensão nem a perda dos direitos políticos, pois estas hipóteses estão no art. 15 da Constituição Federal. "O Presidente Fernando Affonso Collor de Mello foi inabilitado pelo Senado

Federal em 30/12/1992, por 8 anos, sua sanção política para o exercício do novo mandato terminou em 29/12/2000. Qualquer mandato que se iniciar após 29/12/2000 não lhe será mais vedado. A inabilitação, no caso, foi aplicada pela resolução nº 101, de 1992, do Senado Federal, publicada no diário do congresso nacional de 30/12/1992, p. 2.934. O STF decidiu: "a inabilitação para o exercício de função pública, decorrente da perda do cargo de Presidente da República por crime de responsabilidade (cf, art. 52, parágrafo único), compreende o exercício de cargo ou mandato eletivo. "Com esse entendimento, a turma manteve o acórdão do TSE que julgou procedente a impugnação do pedido de registro do ex-Presidente Fernando Collor (Rel. Min. Otávio Gallotti, decisão 1º/09/1998 – *informativo* STF nº 121, setembro de 1998)". A inabilitação é restrição de cunho não meramente administrativo, mas de natureza política e atinge o *ius honorum*, ou direito de ser votado (capacidade eleitoral passiva). Trata-se de medida de natureza mista e multifária compreendendo o âmbito das restrições estatutárias de cunho administrativo e as políticas pertinentes ao direito de ser votado. A inabilitação impede o acesso a qualquer função pública, inclusive a eletiva. No caso do *impeachment* da ex-Presidente Dilma Rousef não incidiu a inabilitação por decisão do Senado Federal.

Indicação. É a proposição em que o vereador sugere aos poderes competentes medidas de interesse público. A regulamentação está contida no Regimento Interno da Câmara Municipal.

Inelegibilidade reflexa. "(...) O art. 14, § 7º, da Constituição da República versa sobre a cognominada inelegibilidade reflexa. Aqui, a restrição ao exercício do *ius honorum* não atinge diretamente o titular do mandato no Poder Executivo, mas, em vez disso, afeta eventuais cônjuges, parentes, consanguíneos, até segundo grau ou por adoção, que pretendam candidatar-se a cargos na mesma circunscrição. 2. O Supremo Tribunal Federal, no julgamento do RE nº 758.461 submetido à sistemática da repercussão geral, assentou a impossibilidade de comparação da dissolução da sociedade ou do vínculo conjugal por ato de vontade dos cônjuges com a situação decorrente do evento morte. Dessa forma, estabeleceu que a morte do cônjuge no curso do seu mandato eletivo rompe o vínculo familiar para fins do art. 14, § 7º, da Constituição da República (RE nº 758.461/PB, Rel. Min. Teori Zavaski, *DJe* de 29/11/2013). Justamente porque submetida à sistemática da repercussão geral, a tese jurídica fixada no precedente é de observância obrigatória a este Tribunal Superior e aos demais órgãos do Poder Judiciário" (Agravo Regimental no Recurso Especial Eleitoral nº 177-20/MG Rel. Min. Luiz Fux. *DJe* de 02/02/2018).

Inelegibilidade. As inelegibilidades são disciplinadas na Carta Magna, por exemplo, art. 14, §§ 4º e 7º. O caso do analfabeto. As inelegibilidades não impedem o direito de votar, mas sim de ser votado (restrição temporária da capacidade eleitoral passiva, *ius honorum*). Somente lei de natureza complementar pode dispor sobre inelegibilidades, conforme preceitua o § 9º do art. 14 da Constituição da República. A Lei Complementar nº 64, de 18 de maio de 1990, trata das inelegibilidades infraconstitucionais. A Lei da Ficha Limpa, Lei Complementar nº 135/2010, ampliou os casos e o prazo de inelegibilidade para 8 (oito) anos.

Infanções. Leciona *Homero Pinho,* nos idos de 1964 em seu *Curso de Direito Eleitoral* do Tribunal Regional da Guanabara publicado pelo Departamento de Imprensa Nacional, na página 25, que em Portugal o Alvará de 2 de abril de 1716 considerava diversas classes de cidadãos. Os residentes na Cidade de Lisboa tinham o privilégio das chamadas **infanções**. Era uma prerrogativa da cidadania. As **infanções** representavam títulos da nobreza. O título de **Rico-homem** era concedido aos filhos de maior dignidade depois do Rei. A expressão "rico" significava "magnata", que era um título concedido aos fidalgos de natureza muito nobre. Por exemplo, o Conde Dom Pedro, no livro das Linhagens, era um **infançon**. Ele tinha dois títulos: a) **pendão**, que significa o poder de fazer gente e capitaneá-la e; b) **caldeira**, o dever de sustentar pelo menos cem homens. Podia usar o título de Dom e os vassalos tinham privilégios agrícolas.

Infração político-administrativa. Uma das competências da Câmara Municipal, segundo previsão na Lei Orgânica do Município e no Decreto-Lei nº 201/67 é de processar e julgar o Prefeito e o Vice-Prefeito, ou quem os substituir, pela prática de infração político-administrativa e nas infrações da mesma natureza conexas com aquela. O Prefeito perderá o mandato se incidir nesse tipo de infração. Por exemplo: deixar de prestar contas; omitir-se ou negligenciar na defesa de dinheiros, bens, rendas, direitos ou interesses do Município, sujeitos à administração da Prefeitura; e proceder de modo incompatível com a dignidade e o decoro do cargo. A apuração da responsabilidade do Prefeito, do Vice-Prefeito e de quem vier a substituí-lo, pode ser iniciada por qualquer vereador, mas será sempre assegurada a ampla defesa. E a perda do mandato é pelo voto favorável de dois terços dos membros da Câmara Municipal. Os Prefeitos se sujeitam ao processo por infração político-administrativa, *impeachment* no âmbito da Câmara Municipal, mas podem ainda responder por ações judiciais que acarretam perda do mandato eletivo, inelegibilidade, a suspensão dos direitos políticos, multa e até inabilitação proveniente da sanção penal condenatória, como na Lei de Abuso de Autoridade, em que o agente é condenado criminalmente à perda do cargo e à inabilitação para o exercício de qualquer outra função pública. Os agentes políticos (*Prefeitos e Governadores*) se sujeitam à ação de improbidade administrativa e, portanto, à sanção de suspensão dos direitos políticos.

Iniciativa das leis complementares e ordinárias. Cabe a qualquer membro ou comissão da Câmara Municipal, ao Prefeito e aos cidadãos, nos casos e na forma previstos na Lei Orgânica do Município.

Iniciativa popular. A iniciativa popular enseja *quorum* do eleitorado para apresentação do projeto de lei, como foi o caso da Lei nº 9.840/99 (*Lei dos Bispos*), que alterou artigos da legislação eleitoral, e acresceu o art. 41-A na Lei nº 9.504/97, consagrando a ação de captação ilícita de sufrágio e prevendo sanções não penais às infrações captativas. O art. 13 da Lei nº 9.709/96 prevê o *quorum* de 1% do eleitorado nacional, distribuído em 5 (cinco) Estados da Federação com não menos de 0,3% dos eleitores de cada um deles. A Lei Orgânica do Município do Rio de Janeiro, por exemplo, disciplina o tema no art. 80, *in expressi verbis*: "I – pela apresentação à Câmara Municipal de projeto de lei subscrito por cinco por cento do eleitorado do Município, ou de bairros; II – por entidade representativa da sociedade civil, legalmente constituída, que apresente projeto de lei subscrito por metade mais um de seus filiados; III – por entidades federativas legalmente constituídas que apresentem projeto de lei subscrito por um terço dos membros de seu colegiado. Parágrafo único. Caberá ao Regimento Interno da Câmara Municipal assegurar e dispor sobre o modo pelo qual os projetos de iniciativa popular serão defendidos na tribuna da Câmara Municipal por um dos seus signatários".

Investidura. É um ato complexo que envolve a manifestação de vontade do Estado e do servidor para o provimento do cargo público.

Inviolabilidade. Os vereadores são invioláveis por suas opiniões, palavras e votos no exercício do mandato e na circunscrição do Município. Desse modo, ultrapassado o limite territorial municipal não subsiste esse tipo de inviolabilidade. Trata-se de espécie de imunidade material.

Irrecorribilidade. As decisões do Tribunal Superior Eleitoral são irrecorríveis, mas subsistem exceções. A disciplina está no § 3º do art. 121 da Constituição Federal, que prevê o cabimento de recurso extraordinário das decisões do TSE que contrariarem a Constituição e, ainda, o recurso ordinário das decisões que denegarem *habeas corpus* ou mandado de segurança. O art. 281 do Código Eleitoral, igualmente trata da irrecorribilidade.

Irreelegibilidade. Instituto jurídico constitucional previsto no art. 14, § 5º, da Carta Magna que impede o chefe do Poder Executivo de ser candidato para um terceiro mandato consecutivo na circunscrição eleitoral. Evita-se a continuidade político administrativa.

J

Termo selecionado (em latim).

Juris tantum. Presunção relativa ou condicionada, admitida até que haja prova em sentido contrário.

Juízes eleitorais. Base legal: (Constituição Federal, art. 118, III; CE, art. 32). Os juízes eleitorais são investidos temporariamente nas respectivas zonas eleitorais (*divisão territorial dentro dos Estados que compreendem ruas e avenidas para fins de alistamento* *eleitoral*). São juízes de direito estaduais que acumulam funções eleitorais.

Julgamento pela Câmara Municipal. Julgar anualmente as contas prestadas pelo Prefeito e processar e julgar o Prefeito e o Vice-Prefeito, ou quem os substituir, pela prática de infração político-administrativa.

Junta eleitoral. A Junta Eleitoral é um órgão eclético, misto e colegiado, sendo formada por três ou cinco integrantes, o seu Presidente é um juiz de direito e mais dois ou quatro cidadãos de notória idoneidade (art. 36 do Código Eleitoral). A Junta Eleitoral tem uma competência especial, ou seja, expedir o diploma aos eleitos para Prefeito, Vice-Prefeito e vereador (art. 40, IV, do Código Eleitoral). Percebe-se que o artigo estipula o número máximo de 4 (quatro) cidadãos e do juiz de direito que a preside. Não há prevalência do voto do juiz de direito em relação ao dos demais componentes da junta eleitoral, isto é, os votos têm o mesmo valor e as decisões são tomadas por maioria, ou seja, 4 x 1, 3 x 2 etc. Cabe ao Presidente do Tribunal Regional Eleitoral nomear os membros das Juntas Eleitorais, após indicação do juiz eleitoral responsável. As atribuições da Junta Eleitoral são: coordenação dos trabalhos de votação e apuração; proferir decisões, por maioria de votos de seus membros, sobre as dúvidas que surgirem; e solucionar todas as impugnações e incidentes ocorridos durante a votação e apuração dos votos.

Justiça Eleitoral. O atual Código Eleitoral é a Lei nº 4.737, de 15 de julho de 1965, mas a Lei das Eleições, Lei nº 9.504, de 30 de setembro de 1997, bem como a Lei Complementar nº 64, de 18 de maio de 1990, e a Lei dos Partidos Políticos, Lei nº 9.096, de 19 de setembro de 1995, formam o panorama legislativo eleitoral vigente. A Justiça Eleitoral possui sua destinação diretamente vinculada à garantia dos direitos de votar e de ser votado, assegurando o pleno exercício da cidadania em suas diversas manifestações. A previsão constitucional da Justiça Eleitoral está nos arts. 118 a 121 da Lei Maior. Os órgãos da Justiça Eleitoral são: Tribunal Superior Eleitoral, Tribunais Regionais Eleitorais, juízes eleitorais e juntas eleitorais. Tribunal Superior Eleitoral (CF, arts. 118, I, e 119; CE, art. 16). Composição: – 3 Ministros do STF – Presidente – Vice-Presidente. – 2 Ministros do STJ – um será o Corregedor Eleitoral; – 2 advogados (classe dos juristas) (indicados pelo STF e nomeados pelo Presidente da República). Observação: cabe ao Supremo Tribunal Federal eleger os 3 Ministros do TSE, bem como realizar a organização das listas da classe dos juristas, conforme dispõe o seu próprio regimento interno. Tribunais Regionais Eleitorais (CF, arts. 118, II, e 120; CE, art. 25) Composição: – 2 desembargadores dos Tribunais de Justiça – Presidente – Vice-Presidente; – 2 juízes estaduais escolhidos pelo Tribunal de Justiça (a escolha segue o regimento interno e a Resolução-TSE 20.958/2001). – 1 juiz federal escolhido pelo Tribunal Regional Federal (a escolha segue o regimento interno do TRF e a Resolução-TSE 20.958/2001); – 2 advogados (classe dos juristas). A indicação deveria ser feita pela OAB, Conselho Regional ou Seccional. No entanto, os Tribunais de Justiça elaboram uma lista tríplice (Res.-TSE 20.958/2001, art. 12) que é encaminhada ao Tribunal Superior Eleitoral, através dos Tribunais Regionais Eleitorais, e após análise pelo TSE é submetida ao Presidente da República para nomeação de um dentre os três nomes indicados pelo Tribunal de Justiça. Atenção: no Brasil existem 27 Tribunais Regionais Eleitorais (um em cada Estado da Federação e um no Distrito Federal). A competência da Justiça Eleitoral envolve questões compreendidas nas fases do alistamento, convenções, registro de candidaturas, propaganda política eleitoral e partidária, votação, apuração e diplomação dos candidatos, além de competir fiscalizar a prestação de contas anuais dos Partidos Políticos. A função de Corregedor Regional nos Tribunais Regionais Eleitorais pode ser acumulada pelo Vice-Presidente que é um desembargador e regimentalmente pode recair em qualquer outro membro integrante do tribunal. "Os juízes dos tribunais eleitorais, efetivos ou substitutos, servirão obrigatoriamente por dois anos e, facultativamente, por mais um biênio". Juízes Eleitorais (CF, art. 118, III; CE, art. 32). Os juízes eleitorais são investidos temporariamente nas respectivas zonas eleitorais (divisão Territorial dentro dos Estados que compreendem ruas e avenidas para fins de alistamento eleitoral). Segundo dispõe o art. 37, parágrafo único, do Código Eleitoral, o Presidente dos Tribunais Regionais Eleitorais pode designar juízes de direito, exclusivamente, para presidir Juntas Eleitorais e, neste caso, não são os juízes titulares das zonas eleitorais que já presidem as Juntas referentes às correspectivas zonas eleitorais, ou seja, pode haver uma zona eleitoral que tenha uma ou mais juntas eleitorais presididas por outros juízes designados somente para o período da votação e apuração dos votos. Atenção: os juízes eleitorais investidos temporariamente nas zonas eleitorais são de primeira instância ou grau de jurisdição. Das decisões dos juízes caberá recurso para o Tribunal Regional Eleitoral. Os juízes eleitorais servem por um biênio e nas comarcas do interior dos Estados podem ser reconduzidos, considerando as peculiaridades do juízo único, segundo a lei de organização judiciária local. Juntas Eleitorais (CF art. 118, IV; CE art. 36). Composição: – 1 juiz de direito (Presidente da Junta Eleitoral). Pode ou não ser titular da zona eleitoral. – 2 ou 4 cidadãos de notória idoneidade, nomeados pelo Presidente do Tribunal Regional Eleitoral e indicados pelo juiz eleitoral. Os impedimentos estão no art. 36, § 3º, do Código Eleitoral e 64 da Lei nº 9.504/97. Para cada zona eleitoral existe uma junta eleitoral, mas pode haver mais de uma, dependendo da hipótese local, segundo análise do universo de eleitores de uma região, distrito ou município. Atenção: nas eleições municipais compete à Junta Eleitoral expedir os diplomas aos eleitos, por intermédio do juiz eleitoral mais antigo, quando houver mais de uma junta eleitoral (art. 40 e parágrafo único do Código Eleitoral).

Termos selecionados (em latim).
Latu sensu. Em sentido amplo.
Lex domicilii. Lei do domicílio.
Lex fori. Lei do foro.
Lex loci actus. Lei do lugar do ato.
Lex loci contractus. Lei do lugar do contrato.
Lex specialis derogat legi generali. A lei especial anula a lei geral.
Litis decisio. Decisão da lide.
Locus regit actum. A lei do lugar é que rege o ato.

Legenda. É o mesmo que partido político. Trata-se de uma abreviação que é permitida pelo art. 15, inciso I, da Lei nº 9.096/95 (Lei dos Partidos Políticos).

Legislação eleitoral. As principais leis eleitorais são: a Lei nº 4.737, de 15 de julho de 1965, "Institui o Código Eleitoral"; Lei Complementar nº 64, de 18 de maio de 1990, "Estabelece, de acordo com o art. 14, § 9º, da Constituição Federal, casos de inelegibilidade, prazos de cessação, e determina outras providências"; Lei nº 9.096, de 19 de setembro de 1995, "Dispõe sobre partidos políticos, regulamenta os arts. 17 e 14, § 3º, inciso V, da Constituição Federal"; Lei nº 9.504, de 30 de setembro de 1997, "Estabelece normas para as eleições"; Lei nº 6.091, de 15 de agosto de 1974, "Dispõe sobre o fornecimento gratuito de transporte, em dias de eleição, a eleitores residentes nas zonas rurais, e dá outras providências"; Lei nº 6.996, de 7 de junho de 1982, "Dispõe sobre a utilização de processamento eletrônico de dados nos serviços eleitorais e dá outras providências"; e a Lei nº 7.444, de 20 de dezembro de 1985, "Dispõe sobre a implantação do processamento eletrônico de dados no alistamento eleitoral e a revisão do eleitorado e dá outras providências".

Leis complementares. A previsão está na Lei Orgânica do Município. São aprovadas por maioria absoluta, em dois turnos. E, por exemplo, tratam dos seguintes temas: a lei orgânica do sistema tributário; a lei orgânica do Tribunal de Contas do Município; a lei orgânica da Procuradoria-Geral do Município; o estatuto dos servidores públicos do Município; o plano diretor; e a lei orgânica da Guarda Municipal.

Leis delegadas. As leis delegadas serão elaboradas pelo Prefeito, que deverá solicitar delegação à Câmara Municipal.

Licitações. Cumpre ao Município, por intermédio de sua administração direta, indireta e fundacional, observar normas jurídicas sobre licitações nos contratos administrativos. Por exemplo: nas obras e serviços, compras e alienações.

Líder. Em regra, os Regimentos Internos das Câmaras Municipais consagram a figura do Líder, ou seja, é o vereador que fala de forma autorizada em nome da bancada do partido e seu intermediário oficial em relação a todos os órgãos da Câmara Municipal. O Líder será escolhido pela maioria absoluta dos componentes da bancada do partido.

Limite territorial municipal. O limite territorial do Município é alterado mediante aprovação prévia da Câmara Municipal e de sua população, esta manifestada em plebiscito, e nos termos de lei complementar estadual. As Leis Orgânicas Municipais devem tratar desse assunto. Depende de prévia aprovação da Câmara Municipal a participação do Município em região metropolitana, aglomeração urbana ou microrregião.

Lista eleitoral. É a lista que trata do nome dos eleitores que ficam na seção eleitoral. Só pode votar se o nome estiver na lista. Por outra, o eleitor deve estar apto ao voto, sem o título cancelado ou suspenso. Por exemplo, se o eleitor estiver condenado com sentença transitada em julgado e cumprindo pena, mesmo em liberdade não poderá votar.

Lisura das eleições. A garantia da lisura das eleições nutre-se de especial sentido de proteção aos direitos fundamentais da cidadania (cidadão-eleitor), e está ancorada nos arts. 1º, II, e 14, § 9º, da Constituição Federal. É um princípio do Direito Eleitoral a lisura das eleições. O art. 23 da Lei nº 64, de 18 de maio de 1990, dispõe expressamente.

Livre exercício. No exercício de seu mandato, o vereador terá livre acesso às repartições públicas municipais e nas áreas do território municipal.

Lotação. Entende-se como a indicação legal do número de servidores, no desempenho de funções, ou seja, enquanto os cargos não forem criados por lei, a lotação não será preenchida. A lei determina o número de cargos públicos, sua natureza e demais exigências, deveres, garantias, remuneração e subsídios. No entanto, à Administração Pública deverá agrupar os cargos nas variadas repartições e departamentos. Esse ato executivo de otimização do servidor em determinado lugar, chama-se lotação.

M

Termos selecionados (em latim).
Mandatum ad judicia. Procuração jurídica.
Mandatum ad negotia. Procuração para negócios.
Mens legislatoris. A intenção do legislador.

Mandato imperativo. Os eleitos eram representantes dos interesses do rei. "É aquele em que o representante recebe do eleitor poderes específicos para representá-lo e defender seus interesses". *O mandato imperativo terminou expressamente proibido em quase todas as Constituições europeias dos sécs. XIX e XX, como nas da Bélgica, Itália, Prússia, Suécia, Áustria, Alemanha, Holanda e Dinamarca"* (Filho, Octaciano da Costa Nogueira, *Vocabulário da Política*, v. V, Brasília, 2010, p. 247 e 249).

Mandato partidário-representativo. É igualmente lastreado na confiança entre o partido político, eleitor e representante político. Significa que os partidos passam a ter um papel de destaque na atuação parlamentar e de governabilidade entre mandatários e mandantes. Tornam-se mais significativas as diretrizes partidárias e a fidelidade aos programas nacionais.

O mandato eletivo é do partido político e não exclusivamente do mandatário (*eleito*), quando se tratar do **sistema proporcional** que elege os Deputados Federais, Distritais, Estaduais e vereadores, porque no sistema majoritário, ou seja, nas eleições para Presidente, Governadores, Prefeitos, Vices e Senadores, não se verifica a mesma premissa valorativa. O Egrégio STF decidiu que a perda do mandato por desfiliação partidária sem justa causa é aplicável apenas no sistema proporcional (ADI 5.081/DF, Rel. Min. Roberto Barroso, j. 27/05/2015, *DJe* 162, em 18/08/2015). Por conseguinte, o Tribunal Superior Eleitoral editou o Verbete Sumular **nº 67**: "A perda do mandato em razão da desfiliação partidária não se aplica aos candidatos eleitos pelo sistema majoritário".

Mandato representativo. No mandato representativo, a ideia de vínculo entre eleito e eleitor dá margem à criação da representação da Nação como fruto da vontade geral. O mandato político, dizia *Paulo Lacerda*, "é singularíssimo por sua mesma natureza; sempre outorgado a certa e determinada pessoa (*intuito personae). Por isso, se não pode ceder, transferir, nem subestabelecer"* (*Princípios de Direito Constitucional Brasileiro*. Rio de Janeiro: Editora Azevedo, 1929, v. II, p. 33).

Meio ambiente. Significa toda a natureza, as cidades, monumentos e criações do homem (ambiente artificial). O solo, subsolo, rios, biosfera, água, ar, energia, fauna e flora formam o ambiente natural. O chamado de artificial é constituído pelas formas dos prédios, arquitetura urbana e conjunto das cidades. A Lei nº 6.938/81 (Lei de Política Nacional do Meio Ambiente) no art. 3º, I, diz que o meio ambiente é um: "conjunto de condições, leis, influências e interações de ordem física, química e biológica, que permite, abriga e rege a vida em todas as suas formas". O art. 225 da Constituição da República Federativa do Brasil protege o meio ambiente natural e artificial.

Mesa Diretora. É composta pelos vereadores na Câmara Municipal. O regimento interno disporá sobre a composição e, subsidiariamente, sobre a sua eleição. Na constituição da Mesa Diretora é assegurada a representação proporcional dos partidos ou dos blocos parlamentares que participam da Câmara Municipal. A Mesa Diretora possui algumas atribuições, por exemplo, em alguns casos legais declarar a perda de mandato de vereador, de ofício ou por provocação de qualquer dos membros da Câmara Municipal. Desse modo, a Mesa Diretora é órgão colegiado e decidirá sempre pela maioria dos seus membros. No primeiro ano da Legislatura, a Câmara Municipal se instalará a 1º de janeiro, para posse dos Vereadores e eleição da Mesa Diretora.

Mesários. Os mesários são servidores públicos honoríficos, ou seja, honrados (aqueles que prestam serviço de relevante valor público, sem remuneração), e nos casos de recusa ou abandono ao serviço, respondem penalmente pelo crime do art. 344 do Código Eleitoral, assim como pelas sanções administrativas do art. 124 do Código Eleitoral (multa eleitoral). No dia das eleições os mesários trabalham voluntariamente recebendo os eleitores nas seções eleitorais, que são os locais em que os cidadãos votam. Não podem ser mesários os menores de 18 (dezoito) anos. A função é de alta relevância e por cada dia trabalhado o mesário tem direito ao dobro de folga para não comparecer no serviço. Os mesários formam as mesas receptoras (seções) de votação e de justificação (estas para os casos de eleitores que não podem votar, porque estão fora do domicílio eleitoral, ou seja, local de votação). As seções são compostas de

1 (um) presidente, 1(um) primeiro e 1(um) segundo mesários, 2 (dois) secretários e 1(um) suplente, mas é possível a dispensa do segundo secretário e do suplente.

Ministério Público Eleitoral. O Promotor Eleitoral é membro do Ministério Público Estadual que atua com os juízes eleitorais e juntas eleitorais. O Procurador Regional Eleitoral membro do Ministério Público Federal exerce suas atribuições no Tribunal Regional Eleitoral. E o Procurador-Geral Eleitoral é o Procurador-Geral da República que atua no Tribunal Superior Eleitoral. Suporte legal: os arts. 127 da Constituição Federal e 72 *caput*, e parágrafo único, da Lei Complementar 75, de 20 de maio de 1993, e, no âmbito dos Promotores Eleitorais, aplica-se também o art. 10, inciso IX, alínea "h", da Lei Orgânica Nacional do MP, Lei nº 8.625, de 12/02/1993. A atuação do Ministério Público não deve ser partidária, mas, sim, voltada para a defesa da normalidade das eleições na tutela dos direitos cívicos e políticos. A doutrina alerta sempre para uma atuação suprapartidária, no sentido de ser dissociada de interesses partidários. Na verdade, quando o Ministério Público atua nas funções eleitorais, *v.g.*, na ação de impugnação ao pedido de registro, está a defender os mais sublimes interesses difusos de ordem pública primária. Age na intervenção da garantia da plena democracia. O Ministério Público defende o regime democrático como cláusula pétrea, e, portanto, como bem enfatizou sua Excelência o Ministro do Supremo Tribunal Federal Carlos Ayres Britto, *in litteris*: "As cláusulas pétreas da Constituição não são conservadoras, mas impeditivas do retrocesso. São a salvaguarda da vanguarda constitucional. A Constituição é aquele documento único que não é produzido pelo Estado, mas diretamente pela nação, através da Assembleia Nacional Constituinte. É o único documento que governa permanentemente quem governa provisoriamente. O único momento que vai da sociedade civil para o Estado e não do Estado para a sociedade civil é esse momento constituinte. É importante fazer esta distinção entre poder constituinte e poder reformador. Esta linha divisória não pode ser esmaecida porque senão o poder reformador se faz de atrevido, se traveste de poder constituinte e golpeia a Constituição, (...) Conclui, sua Excelência: A democracia é o mais pétreo dos valores. E que é o supremo garantidor e o fiador da democracia? O Ministério Público. Isto está dito com todas as letras no art. 127 da Constituição. Se o MP foi erigido à condição de garantidor da democracia, o garantidor é tão pétreo quanto ela. Não se pode fragilizar, desnaturar uma cláusula pétrea. O MP pode ser objeto de emenda constitucional? Pode. Desde que para reforçar, encorpar, adensar as suas prerrogativas, as suas destinações e funções constitucionais" (Britto, 2004, p. 476-477).

O Ministério Público é órgão de defesa social, sendo uma função essencial à Justiça. Trata-se de uma instituição permanente que retrata a soberania estatal na defesa da ordem jurídica protegendo a lei e o regime democrático. Cumpre ao Ministério Público a defesa dos interesses de todos os idosos, crianças e adolescentes, denunciar os crimes, proteger a sociedade na Justiça, garantir a verdadeira proteção ao meio ambiente denunciando os culpados por danos às florestas, mar, rios, lagoas etc. É um guardião do regime democrático atuando contra os abusos eleitorais, a compra de votos, crimes eleitorais e outras ilicitudes. Defende os interesses sociais e possui princípios como os da unidade (todos os membros da instituição estão vinculados ao chefe); indivisibilidade (os membros atuam sem vinculação aos processos) e independência funcional (todos são livres para seguir apenas a lei e suas consciências). Assim é o MINISTÉRIO PÚBLICO. **DA UNIÃO:** Ministério Público Federal, Ministério Público do Trabalho, Ministério Público Militar, Ministério Público do Distrito Federal. E ainda, o MINISTÉRIO PÚBLICO **ESTADUAL.** Todos os integrantes dos Ministérios Públicos ingressam na carreira por concurso público de provas e títulos e devem defender toda a sociedade, por exemplo, os Promotores de Justiça atuam nos casos dos crimes de homicídio no tribunal do Júri, os Promotores Eleitorais atuam contra os políticos que abusam e compram votos, os Procuradores da República denunciam o tráfico internacional de drogas, além de diversas outras funções sempre em proteção da defesa social.

Mira Estrela. Emblemático caso judicial que tratava do número de vereadores, quando o Supremo Tribunal Federal decidiu no Recurso Extraordinário nº 197.917 que as Câmaras Municipais deveriam ter um número razoável de vagas para vereadores em função da população local observando critérios que foram regulamentados pelo Tribunal Superior Eleitoral por meio da Resolução 21.702.

Monarquia. A expressão trata da forma de governo quando o poder é de uma só pessoa. Na aristocracia, o governo é dos melhores e na oligarquia é de um grupo, enquanto na democracia o governo é do povo. Na monarquia absoluta a vontade do soberano é ilimitada. Na Idade Média imperava o feudalismo. No entanto, a monarquia pode ser constitucional. Nesse caso vige o princípio inglês de que "o rei reina, mas não governa". No Brasil a Constituição de 1824 (Imperial) tratava do poder do Imperador do Brasil.

Moralidade eleitoral. O princípio da moralidade está atualmente contemplado na Lei Complementar nº 135, de 4 de junho de 2010, que alterou e acrescentou dispositivos legais na Lei Complementar nº 64, de 18 de maio de 1990. A lei foi declarada constitucional pelo Egrégio STF nas ADC nºs 29 e 30, mas ainda poderá ser reexaminada em pontos controvertidos. Na Carta Magna é o art. 14, § 9º.

Município. Representa a soberania popular da população local e manifestação da cidadania. Por exemplo, a Lei Orgânica do Município do Rio de Janeiro assim preconiza no art. 14: "O Município, pessoa jurídica de direito público interno, é unidade territorial que integra a organização político-administrativa da República Federativa do Brasil e do Estado do Rio de Janeiro, dotada, nos termos assegurados pela Constituição da República, pela Constituição do Estado e por esta Lei Orgânica, de autonomia: I – política, pela eleição direta do Prefeito, do Vice-Prefeito e dos Vereadores; II – financeira, pela instituição e arrecadação de tributos de sua competência e aplicação de suas rendas; III – administrativa, pela organização dos serviços públicos locais e administração própria dos assuntos de interesse local; IV – legislativa, através do exercício pleno pela Câmara Municipal das competências e prerrogativas que lhe são conferidas pela Constituição da República, pela Constituição do Estado e por esta Lei Orgânica. § 1º O Município rege-se por esta Lei Orgânica e pela legislação que adotar, observados os princípios estabelecidos na Constituição da República e na Constituição do Estado. § 2º O Município poderá celebrar convênios ou consórcios com a União, Estados e Municípios ou respectivos entes da administração indireta e fundacional, para execução de suas leis, serviços ou decisões administrativas por servidores federais, estaduais ou municipais. § 3º Da celebração do convênio ou consórcio e de seu inteiro teor será dada ciência à Câmara Municipal, ao Tribunal de Contas e à Procuradoria-Geral do Município, que manterão registros especializados e formais desses instrumentos jurídicos". "(...) São unidades geográficas divisórias dos Estados-membros, dotados de personalidade jurídica de direito público interno, possuindo governo próprio, para administrar, descentralizadamente, serviços de interesse local" (Bulos, Uadi Lammêgo. *Curso de Direito Constitucional*. 4ª ed. São Paulo: Saraiva, p. 797). Na área territorial de um Estado existem diversos Municípios com suas próprias divisões territoriais. Os Municípios também possuem capacidades de administração e governo. Existem leis municipais, Prefeitos, Vereadores, competências administrativas e tributárias (de cobrar impostos, por exemplo, o IPTU, Imposto Sobre a Propriedade Territorial Urbana).

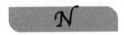

Termos selecionados (em latim).
Neganti incumbit probatio. A prova incumbe ao que nega.
Negativa non sunt probanda. Negativas não precisam ser provadas.
Nihil obstat. Nada obsta.
Notitia criminis. Notícia do crime. Comunicação feita a uma autoridade de maneira informal acerca da ocorrência de um crime.
Nulla poena sine culpa. Não há pena sem culpa formada.
Nulla poena sine iudicio. Não há pena sem julgamento formal.
Nulla poena sine lege. Não há pena sem lei.
Nulla crime sine culpa. Não há crime sem culpa determinada.

Nação. O conceito de nação pode ser definido como: "(...) a mais vasta sociedade de pessoas unidas por uma consciência e cultura comuns. Embora ela ocupe um mesmo território, levando os seus membros a terem uma identidade de interesses sobre o lugar e a terra, sua unidade vital provém de um sentimento profundo de sua própria história, de sua religião ou de sua originalidade cultural, inclusive linguística. Uma nação pode existir como comunidade histórica e cultural, independentemente de autonomia política ou soberania estatal." (*Dicionário de Ciências Sociais*. 2ª ed. MEC-Fundação Getulio Vargas, 1987).

Nacionalidade. É um conceito mais amplo e constitui-se como pressuposto da cidadania, uma vez que só o titular da nacionalidade brasileira pode ser cidadão. A nacionalidade brasileira é pressuposto da aquisição e do gozo dos direitos políticos. Nacionalidade é um vínculo territorial estatal por nascimento ou naturalização. Se uma pessoa se torna nacional ela passa a fazer parte do Estado e merece proteção. Vamos verificar as definições sobre povo, população e nação, segundo lições do jurista Uadi Lammêgo Bulos, em sua obra *Curso de Direito Constitucional*, 4ª ed. São Paulo: Saraiva, p. 701-702: "Povo – conjunto de indivíduos que participam do Estado, unindo-se pelo vínculo jurídico-político da nacionalidade"; População – conjunto de indivíduos que habitam um Município, um Estado-membro, um território ou região de um país. Esse conceito alcança significado muito mais amplo do que o de povo porque engloba os nacionais (brasileiros natos ou naturalizados, que se vincularam pelo nascimento ou naturalização ao território pátrio), os estrangeiros (indivíduos que não são naturais do lugar onde moram ou se encontram) e os apátridas (pessoas que não têm nacionalidade alguma); Nação – grupo de seres humanos nascidos num mesmo território, ligados e reunidos por afinidades materiais, espirituais, econômicas, culturais, raciais, linguísticas, que mantêm os mesmos costumes e tradições dos seus antepassados. Abarca os brasileiros natos e naturalizados, e não os estrangeiros e os apátridas".

Normógrafo. É permitido o uso de instrumentos que possam auxiliar o eleitor analfabeto a votar, não sendo a Justiça Eleitoral obrigada a fornecê-los (Lei nº 9.504/97, art. 89). Na votação manual, por exemplo, os candidatos distribuíam santinhos com seus números, tipo um normógrafo, para que o eleitor analfabeto pudesse assinalar por preenchimento o nome e o número do candidato.

Nulidade dos atos municipais. A administração municipal deve declarar nulos os próprios atos, quando verificar vícios que os tornem ilegais, e facultativamente revogá-los, por motivo de conveniência ou oportunidade, respeitados os direitos adquiridos e observado o devido processo legal.

O

Termos selecionados (em latim).
Ob eam rem. Por esta razão.
Onus probandi incumbi ei qui agit. O ônus da prova cabe a quem aciona a Justiça.
Opere citato (op. cit.). Obra citada.

Oligarquia. Governo de poucas pessoas (sentido etimológico) Aristóteles empregou a expressão para mencionar o governo de maus. Trata-se da defesa governamental de um interesse das minorias privilegiadas.

Órgãos da Câmara Municipal. Existe a previsão no Regimento Interno. São essenciais os seguintes: Plenário, Mesa e as Comissões. E ainda temos o Colégio de Líderes e a Comissão Representativa da Câmara.

P

Termos selecionados (em latim).
Pactum servate dominii. Pacto de reserva de domínio.
Per capita. Por cabeça.
Per faz et per nefas. Pelo permitido e pelo proibido.
Periculum in mora. Perigo da demora. Expressão utilização nos casos de medidas liminares, caracteriza-se pela situação de fato que se origina da iminência de um dano que decorre da demora na providência.

Permissa venia. Com a devida permissão. Também é muito utilizado "devida venia".

Persona non grata. Pessoa que não é bem-vinda.

Pleno iure. De pleno direito.

Poena debet culpae respondere. A pena deve corresponder à culpa.

Poena maior absorvit minorem. A pena maior absorve a menor.

Prima facie. À primeira vista.

Privilegium fori. Foro privilegiado.

Probatio incumbit asserenti. A prova incumbe a quem afirma.

Pro labore. Pelo trabalho. Pelo labor. Remuneração recebida em virtude de trabalho realizado.

Pro rata. Proporcional a cada parte.

Parentesco de candidato a vereador com desembargador. O Tribunal Superior Eleitoral possui precedente em Consulta nos seguintes termos: "Presidente de TRE. Parentesco. Candidato. Poderá exercer a presidência de TRE, no transcorrer do processo eleitoral, desembargador cujo irmão e tio sejam candidatos a vereadores no Estado onde este viria a desempenhar suas funções. O Tribunal respondeu afirmativamente à consulta, com a ressalva de que o presidente do TRE ficará impedido para todo o processo eleitoral do Município em que parente até o segundo grau concorrer. Unânime. Consulta nº 557/DF, Rel. Min. Eduardo Alckmin, em 16/11/1999".

Parlamentarismo. É um sistema político em que se dividem as atribuições e responsabilidades pela confiança entre o Poder Executivo e o Legislativo (Parlamento). Surgem as chefias de governo e de Estado. A chefia de Governo é exercida por um conselho de ministros que formam um gabinete dirigido por um primeiro ministro. Já a chefia de Estado é comandada por um monarca ou presidente que representa o país ou Estado nas relações protocolares. O chefe de Estado tem funções restritas. Quanto ao chefe de Governo, ele fica na função enquanto tiver a confiança do Parlamento, pois se receber o voto de desconfiança extingue-se o mandato e são feitas novas eleições. Os Ministros de Estado é que exercem o Poder Executivo, após aprovação dos nomes pelo Parlamento. "(...) Quando se fala de Parlamento e de parlamentarismo, se faz normalmente referência a fenômenos políticos cujo desenvolvimento histórico se insere na curva temporal que vai da Revolução Francesa até os nossos dias. Contudo, em quase todos os países europeus houve, mesmo nos séculos anteriores, instituições políticas genericamente denominadas 'Parlamentos', embora por vezes fossem também chamadas de 'Estados Gerais', 'Cortes', 'Estamentos', etc." (Noberto Bobbio, Nicola Matteucci, Gianfranco Pasquino. *Dicionário de Política*. 5ª ed., 1993, editora Edunb, v. II, p. 877). Uma das características do parlamentarismo é a confiança que o Parlamento (Poder Legislativo) possui no gabinete dos Ministros. "(...) Quando se torna necessária a formação de um novo gabinete, porque o gabinete em exercício perdeu a confiança do Parlamento, o chefe de Estado inicia as consultas, entendendo-se com os líderes dos diversos partidos políticos" (David Jardim Jr. *Enciclopédia de Bolso de Política*, Rio de Janeiro: Edições de Ouro, s/d). Na Inglaterra, o sistema surgiu no século XIX. Os exemplos de países que adotam o parlamentarismo são: Inglaterra, França e Alemanha. Pode-se utilizar o sistema nas repúblicas ou monarquias, mas desde que sejam democráticas, pois não se aplica na ditadura ou tirania. "(...) Tivemos o parlamentarismo no Brasil na fase final do Império (1847-1889). Na República, vigorou o presidencialismo, com exceção de um curto período de tempo (setembro de 1961 a janeiro de 1963), em que o parlamentarismo foi adotado como solução para a crise política consecutiva à renúncia do presidente Jânio Quadros. Em 1993 tivemos um plebiscito nacional, como exigência da Constituição de 1988, e o povo votou pela manutenção do presidencialismo como sistema de governo" (disponível em: < http://www.doutrina.linear.nom.br>).

Partidos Políticos. Os partidos políticos são identificados, por diversos autores, como: (i) "verdadeiros institutos de direito público" (*Amuchastegui*); (ii) "instrumento necessário ao mecanismo do regime constitucional" (*Posada*); (iii) "órgãos da democracia" (*Palácios*); (iv) "parte integrante do processo governativo" (*A. F. Mac Donald*); (v) "verdadeiros órgãos do governo" (*Willoughby*); (vi) "uma parte do governo mesmo" (*Merrian-Gosnell*); (vii) "órgãos para a vontade estatal" (*Kelsen*); e (viii) "grupos sociológicos ou entidades político-sociais" (*Bluntschli*). (Referência ainda na obra de Linares Quintana, *Los Partidos Politicos*, Buenos Aires, 1945). Identifica-se o surgimento dos Partidos Políticos no ocidente de forma interligada ao sufrágio e à democracia, sendo expressão advinda de grupos que são formados para disputar uma eleição. Benjamin Constant (1767/1830) conceituou-os como: "uma reunião de homens que professem a mesma doutrina política". Adota-se atualmente no Brasil o **pluripartidarismo**, ou seja, a possibilidade de criação de diversos partidos, mas já tivemos o **bipartidarismo** durante o Império, quando disputavam as eleições o Partido Conservador e o Partido Liberal. Relembre-se a edição do Ato Institucional nº 02, de 27 de outubro de 1965, que no art. 18 declarou a extinção dos partidos políticos, tais como: UDN, PTB, PSD, PCB e outros, instituindo no Brasil apenas dois partidos, ou seja, a Aliança Renovadora Nacional (ARENA) e o Movimento Democrático Brasileiro (MDB). O MDB convergia a oposição ao governo, que era a ARENA. Atualmente, a natureza jurídica dos partidos políticos na legislação constitucional e eleitoral brasileira é identificada como sendo de **pessoa jurídica de direito privado**, mas jamais podem ser equiparados ao fim mercantil que é natural das pessoas privadas. Trata-se de uma consolidação de posições e ideologias de direita, esquerda, centro e que importam na dignificação da vontade popular. Os partidos políticos são inscritos no Cadastro Nacional de Pessoa Jurídica. O requerimento do registro de partido político é de natureza complexa, pois é dirigido ao Registro Civil das Pessoas Jurídicas da Capital Federal – Brasília, e, após o cumprimento de exigências legais mediante certidão de inteiro teor expedida pelo oficial (art. 8º, § 2º, da Lei nº 9.096/95), ainda deverá seguir um roteiro de constituição dos órgãos de direção regionais e municipais com registro nos Tribunais Regionais Eleitorais e, somente vencidas estas etapas, registrados os órgãos de direção regional em, pelo menos, um terço dos Estados, o Presidente solicitará o registro do estatuto e do órgão diretivo nacional no Tribunal Superior Eleitoral.

Pátria. Define-se a Pátria como: "A sociedade civil considerada como uma grande família, cujos membros se vinculam entre si pela comunhão de tradições, glórias, dores e missão histórica exercida desde tempos imemoriais. A pátria representa o aspecto afetivo, solidário de uma comunidade. Trata-se, contudo, de uma comunidade muito vasta e complexa, pois ela comporta elementos históricos, étnicos, culturais, linguísticos, religiosos e territoriais. A Pátria, pelo fato de ter um elemento geográfico, tem também limites, tem uma cultura própria e, portanto, uma língua também. Como consequência de tudo, ela tende para instituições jurídicas estáveis". (Otto Costa. *Educação Moral e Cívica*. 13ª ed. Editora do Brasil, S.A., 1985, p. 147, exemplar 1.723).

Patrimônio municipal. São, por exemplo: a) bens imóveis; b) bens móveis; e c) renda proveniente do exercício das atividades de sua competência. São imprescritíveis, impenhoráveis, inalienáveis e imemoráveis, mas são admitidas as exceções previstas em lei para os bens do patrimônio disponível. Os bens imóveis são de uso comum do povo, de uso especial ou dominical.

Pensão. É o pagamento feito aos familiares do servidor público, em razão da morte do servidor.

Percentual mínimo de votos. Os partidos políticos conquistam suas vagas em razão do quociente partidário em cada eleição proporcional. Com efeito, é necessário que cada candidato também tenha um percentual mínimo de votos, o que corresponde a 10% do quociente eleitoral.

Perda do mandato do Prefeito. Em regra existe previsão na própria Lei Orgânica do Município, por exemplo: Art. 117 da LOMP do Rio de Janeiro: "O Prefeito perderá o mandato: I – por extinção, quando: a) perder ou tiver suspensos seus direitos políticos; b) o decretar a Justiça Eleitoral; c) sentença definitiva o condenar por crime de responsabilidade; d) assumir outro cargo ou função na administração pública direta, indireta ou fundacional, ressalvada a posse em virtude de concurso público; II – por cassação, quando: a) sentença definitiva o condenar por crime comum; e b) incidir em infração político-administrativa". Quanto aos Prefeitos, o Decreto-Lei nº 201/67 prevê o seu afastamento. Trata-se de medida cautelar com dúplice fundamento: preservar as provas judiciais e garantir a moralidade pública. Os Prefeitos devem perder o mandato por decisão do Presidente da Câmara Municipal, quando houver condenação criminal (*aplica-se a regra do art. 92, I, do Código Penal*).

A perda, portanto, não é automática, pois é necessária a declaração de extinção do mandato pela Mesa da Câmara. Não é hipótese de cassação (art. 6º, I, do Decreto-Lei nº 201/67).

Perda do mandato do vereador. As Leis Orgânicas Municipais reproduzem os arts. 54 e 55 da Carta Magna, assim, são casos de perda do mandato eletivo, por exemplo, o vereador que: infringir qualquer das proibições estabelecidas no art. 54 da lei Maior, ou seja, incompatibilidades ou impedimentos; a) cujo procedimento for declarado incompatível com o decoro parlamentar; b) que deixar de comparecer, em cada sessão legislativa, à terça parte das sessões ordinárias, salvo licença ou missão autorizada pela Mesa Diretora da Câmara Municipal; c) que perder ou tiver suspensos os direitos políticos; d) quando o decretar a Justiça Eleitoral, nos casos previstos na Constituição da República; e) que sofrer condenação criminal em sentença transitada em julgado; e ainda, f) que se utilizar do mandato para prática de atos de corrupção ou de improbidade administrativa.

Perda e suspensão dos direitos políticos. Na perda o cidadão fica definitivamente privado da capacidade eleitoral ativa e passiva, ou seja, do direito de votar e ser votado para qualquer eleição. A perda pressupõe a irreversibilidade ao *status civitatis* anterior. Já nos casos de suspensão dos direitos políticos, o cidadão perde temporariamente a capacidade eleitoral ativa e passiva, podendo readquiri-la após o cumprimento das condições legais ou pelo simples decurso de prazo.

Periodicidade das eleições. É um princípio de natureza republicana que importa na efetiva alternância do poder do mandatário político. Trata-se da temporariedade no exercício do mandato eletivo.

Pesquisa eleitoral. A divulgação de pesquisa sem o prévio registro das informações sujeita os responsáveis à multa (Lei nº 9.504/1997, arts. 33, § 3º, e 105, § 2º). A divulgação de pesquisa fraudulenta constitui crime, punível com detenção de seis meses a um ano e (Lei nº 9.504/1997, arts. 33, § 4º, e 105, § 2º).

Petição. A Constituição da República Federativa do Brasil disciplina no art. 5º, XXXIV, o direito de petição, que está assegurado a todas as pessoas.

Plano diretor. É o instrumento básico da política urbana. Por exemplo: trata da definição dos problemas do desenvolvimento urbano local.

Plebiscito. Entende-se por **plebiscito** uma espécie de consulta tipicamente popular sobre tema previamente estipulado. Diz o art. 2º, § 1º, da aludida lei: *"O plebiscito é convocado com anterioridade a ato legislativo ou administrativo, cabendo ao povo, pelo voto, aprovar ou denegar o que lhe tenha sido submetido".* Registre-se que *plebiscito* significa *plebis* e *scitum*, ou seja, a ordem emanada da plebe (*no Direito Romano era uma lei que inicialmente obrigava apenas os plebeus*), posteriormente passou a ter um caráter de consulta popular.

Pluripartidarismo. A Carta Magna consagra o pluralismo político no inciso V do art. 1º. Desse modo, o nosso sistema partidário não permite o bipartidarismo. Todavia, o excesso de partidos políticos viola o princípio da proporcionalidade eleitoral.

Poder de polícia. Magistrado Eleitoral. O poder de polícia é exercido sobre a propaganda eleitoral e as enquetes, seja pelos juízes eleitorais, membros dos Tribunais Regionais Eleitorais e juízes auxiliares designados. Cumpre-lhes inibir e fazer cessar diversas práticas ilegais, especialmente na propaganda irregular, mas não podem fazer censuras prévias em relação ao teor de programas exibidos, nem impor multas ou *astreintes*, segundo o disposto no verbete sumular do nº 18 do Egrégio Tribunal Superior Eleitoral. É possível ao candidato propor mandado de segurança na forma legal.

Poder de polícia. Poder de polícia em sentido amplo significa toda e qualquer ação restritiva do Estado em relação aos direitos individuais. Poder de polícia em sentido estrito é uma atividade administrativa conferida a agente da Administração que restringe a liberdade e a propriedade. Pode se conceituar como um modo de atuar da autoridade administrativa que consiste em intervir no exercício das atividades individuais suscetíveis de fazer perigar interesses gerais, tendo por objetivo evitar que se produzam, ampliem ou generalizem os danos sociais que a lei procura prevenir. Quanto à competência, os assuntos de interesse nacional ficam sujeitos à regulamentação e policiamento da União; as matérias de interesse regional sujeitam-se às normas e a polícia estadual; e os assuntos de interesse local subordinam-se aos regulamentos edilícios e ao policiamento administrativo municipal. O poder de polícia originário é o poder exercido diretamente pela União, Estados e Municípios. Já o poder de polícia delegado é o exercido por entidades que são prolongamentos do Município, por exemplo, empresas públicas. A polícia administrativa ocorre quando os agentes administrativos estão executando serviços de fiscalização em atividades de comércio, ou em locais proibidos para menores, ou sobre condições de alimentos para consumo, ou ainda em parques florestais. A polícia judiciária está prevista no art. 4º do Código de Processo Penal. É a executada por órgãos de segurança (polícia federal, civil ou militar). Quando o ilícito penal é praticado, é a polícia judiciária que age. A polícia judiciária tem natureza repressiva, eis que se destina à responsabilização penal do indivíduo, enquanto a polícia administrativa tem caráter preventivo. No Brasil, no entanto, a polícia é mista, ou seja, acumula e exerce, sucessiva e simultaneamente, as duas funções, a preventiva e a repressiva. O âmbito de incidência é a preservação do interesse público. Existe, assim, a polícia de construções, a polícia sanitária, a polícia de trânsito e tráfego, a polícia de profissões, a polícia de meio ambiente etc. A atuação da administração ocorre por atos de consentimento, tais como: licenças e autorizações. As licenças são atos vinculados e, como regra, definitivos, ao passo que as autorizações espelham atos discricionários e precários. Ex.: Licença para construção. A autorização se dá, por exemplo, para moradores fecharem uma rua, temporariamente com vistas à realização de festa popular. O alvará é o documento que formaliza tanto a licença quanto a autorização. Decorre daí que tecnicamente não há revogação ou anulação de alvará, o que se revoga ou anula é o ato da licença ou autorização. Já as características do poder de polícia são: a) discricionariedade. A questão é controvertida. A administração pode proibir a pesca em determinado rio. Age, assim, discricionariamente. No entanto, não pode a administração vedar a pesca generalizadamente. Nessa última hipótese, cabe o controle pelo Poder Judiciário; b) autoexecutoriedade, é o agir de imediato. Exemplo, apreensão de bens, interdição de estabelecimentos e destruição de alimentos nocivos ao consumo público. Não pode constituir objeto de ABUSO DE PODER, deve estar compatível com o devido processo legal; c) coercibilidade que decorre do *ius imperii* estatal. Usar a força, caso necessária para vencer eventual recalcitrância. Requisito de validade. Deve o ato ser praticado por agente no exercício regular de sua competência. Princípio da proporcionalidade. A coerção não pode ser usada indevidamente pelos agentes administrativos. A administração *"nunca deve se servir de meios mais enérgicos que os necessários à obtenção do resultado pretendido pela lei"*. A sanção de polícia é o ato punitivo que o ordenamento jurídico prevê como resultado de uma infração administrativa, suscetível de ser aplicado por órgãos da Administração. Ex.: multa, inutilização de bens privados, interdição de atividade, embargo de obra, cassação de patentes, proibição de fabricar produtos etc. Na esfera da Administração Pública federal, direta ou indireta, a ação punitiva, quando se tratar do exercício do poder de polícia, prescreve em 5 (cinco) anos contados da data da prática do ato ou, em se tratando de infração permanente ou continuada, do dia em que tiver cessado. Se, o fato constituir crime, o prazo prescricional será o mesmo atribuído pela lei penal (lições extraídas das obras já referidas dos autores José Cretella Júnior, José Santos de Carvalho Filho e Maria Sylvia Di Pietro).

Poder Executivo. O Poder Executivo Municipal é exercido pelo Prefeito e vice, auxiliado pelos Secretários Municipais. A atribuição do Prefeito, por exemplo, é: a) sancionar e fazer publicar as leis, bem como expedir decretos e regulamentos para sua execução; b) dispor sobre a organização e o funcionamento da administração municipal; e c) prestar, anualmente, à Câmara Municipal, dentro do prazo, as contas referentes ao exercício anterior, enviando-as ao Tribunal de Contas para emissão do parecer prévio.

Poder Judiciário. Observe-se a estrutura pelos artigos da Constituição da República Federativa do Brasil. "Art. 92. São órgãos do Poder Judiciário: I – o Supremo Tribunal Federal; I-A. – o Conselho Nacional de Justiça; II – o Superior Tribunal de Justiça; III – os Tribunais Regionais Federais e Juízes Federais; IV – os Tribunais e Juízes do Trabalho; V – os Tribunais e Juízes Eleitorais; VI – os Tribunais e Juízes Militares; VII – os Tribunais e Juízes dos Estados e do Distrito Federal e Territórios. § 1º O Supremo Tribunal Federal, o

Conselho Nacional de Justiça e os Tribunais Superiores têm sede na Capital Federal. § 2º O Supremo Tribunal Federal e os Tribunais Superiores têm jurisdição em todo o território nacional". **A Justiça Federal comum é exercida:** 1 – **Juízes federais** em primeiro grau de jurisdição; 2 – **Tribunais Regionais Federais**, em segundo grau de jurisdição. Esta Justiça julga questões federais: exemplo, crime de tráfico internacional de drogas. **A Justiça Federal especializada é exercida:** 1 – **Justiça Militar**, que possui juízes militares e Tribunais Militares, além do próprio Superior Tribunal Militar, que julgam militares do exército, marinha e aeronáutica, quando eles praticam crimes e por outros fatos. 2 – **Justiça Eleitoral**, que é composta de juízes eleitorais, juntas eleitorais, Tribunais Regionais Eleitorais e Tribunal Superior Eleitoral. 3 – **Justiça do Trabalho**, que é composta do Tribunal Superior do Trabalho, tribunais Regionais do Trabalho e Juntas de Conciliação e Julgamento. **Justiça Estadual é** exercida por juízes de direito estaduais que atuam nas Varas (tipo: criminais, cíveis, de família e outras); além dos juízes estaduais dos Juizados Especiais Cíveis e Criminais para casos de até 40 salários mínimos e de menor potencialidade ofensiva, por exemplo, crime de ameaça. Temos ainda, os Tribunais de Justiça que julgam os recursos dos juízes estaduais e suas respectivas Câmaras Cíveis e Criminais, que pela especialização da matéria dividem as questões em razão da competência. **Justiça Estadual especializada.** Cabe a Justiça Militar Estadual julgar os crimes praticados por policiais militares e bombeiros. É uma especialização.

Poder legislativo municipal. O art. 40 da Lei Orgânica do Município do Rio de Janeiro, por exemplo, assim versa: "O Poder Legislativo é exercido pela Câmara Municipal, composta de Vereadores, eleitos para cada legislatura, pelo sistema proporcional, dentre cidadãos maiores de dezoito anos, no exercício dos direitos políticos, pelo voto direto e secreto, na forma da legislação federal. Parágrafo único. Cada legislatura terá duração de quatro anos, correspondendo cada ano a uma sessão legislativa".

Poderes do Município. Prefeitura (Poder Executivo) e Câmara Municipal (Poder Legislativo). O Município não tem Poder Judiciário (não existe judiciário municipal).

Posse do suplente de vereador. A posse de suplente ao mandato de vereador à Câmara Municipal será efetivada perante o Presidente, no caso de não realização de sessão previamente convocada. O suplente ao mandato de vereador será empossado, nos períodos de recesso, perante a Mesa Diretora ou o Presidente.

Posse. É ato de investidura que atribui deveres, direitos e eventuais prerrogativas do cargo ao servidor. A posse dos vereadores é um ato solene presidido pelo vereador mais votado, quando todos prestarão o compromisso. Compete ao presidente da sessão prestar o compromisso de cumprir a Constituição da República, a Constituição do Estado, a Lei Orgânica do Município e o Regimento Interno da Câmara Municipal, observar as leis, desempenhar com retidão o mandato que lhe foi confiado e trabalhar pelo progresso do Município e pelo bem-estar do povo. No ato da posse, os vereadores deverão desincompatibilizar-se e fazer declaração de bens, incluídos os do cônjuge, para transcrição em livro próprio.

Prazo do mandato do vereador. Exercerão seus mandatos por uma legislatura cuja duração é de quatro anos, correspondendo cada ano a uma sessão legislativa.

Prefeito itinerante. É a impossibilidade de reeleição de Prefeito, para um terceiro mandato, ainda que em Município diferente daquele no qual havia exercido o cargo de Prefeito por duas vezes. O Supremo Tribunal Federal ao analisar o *Recurso Extraordinário nº 637.485/RJ, Rel. Min. Gilmar Mendes*, em 1º de agosto de 2012, reconheceu a repercussão geral da matéria e decidiu que os Prefeitos só podem se reeleger, considerando dois mandatos eletivos.

Prefeito. Chefe do Poder Executivo Municipal. O Prefeito e o Vice-Prefeito serão eleitos simultaneamente dentre brasileiros maiores de vinte e um anos e no exercício de seus direitos políticos, na forma da legislação constitucional e eleitoral. A eleição do Prefeito importará a do Vice-Prefeito com ele registrado. Será considerado eleito Prefeito o candidato que, registrado por partido político, obtiver a maioria absoluta de votos, não computados os votos em branco e os nulos. Prefeito e Vice são eleitos numa chapa una e indivisível. O mandato do Prefeito e do Vice é de quatro anos, e terá início em 1º de janeiro do ano seguinte ao da sua eleição.

Prescrição. Leciona José Cretella Júnior que: "(...) Alguns autores distinguem entre prescrição da infração e prescrição da pena, explicando que a prescrição da infração ocorre quando o fato não é punível dentro do período de tempo fixado em lei, decorrido a contar da infração, e que a prescrição da pena se verifica quando a sanção foi aplicada, mas deixou de ser executada durante tanto tempo quanto a lei fixou. A fonte, no caso, é uma só: a norma estatutária" (*Dicionário de Direito Administrativo*, p. 413/4). E ainda: ensina o doutrinador Armando Pereira que: "A prescrição na esfera disciplinar pode ser assim definida como a extinção do direito de punir que a lei impõe à autoridade administrativa, no caso de não usar ela, no momento adequado e durante certo lapso de tempo, das prerrogativas que lhe confere o Estatuto dos Funcionários no capítulo das infrações" (*Prática do Processo Administrativo*, 2ª ed., Rio de Janeiro: Fundação Getulio Vargas, 1966, p. 139). Leciona José dos Santos Carvalho Filho que: "(...) é a situação jurídica pela qual o administrado ou a própria Administração perdem o direito de formular pedidos ou firmar manifestações em virtude de não terem feito no prazo adequado" (ob. cit., p. 679).

Presidencialismo. No sistema presidencialista as funções de chefe de Estado e de Governo são concentradas na figura do Presidente que exerce o Poder Executivo, sendo auxiliado por Ministros de Estado que são por ele nomeados. Assim, cabe ao Presidente representar o Estado nas relações nacionais e internacionais. Os Presidentes são eleitos pelo cidadão (direta ou indiretamente).

Presidente da Câmara Municipal. O presidente possui algumas atribuições, por exemplo: a) representar a Câmara Municipal em juízo e extrajudicialmente; b) fazer cumprir o regimento interno; c) promulgar as resoluções, os decretos legislativos, as leis que receberem sanção tácita e aquelas cujo veto tenha sido rejeitado pela Câmara Municipal e não tenham sido promulgadas pelo Prefeito; e d) declarar extinto o mandato do Prefeito, do Vice-Prefeito e dos Vereadores, nos casos previstos em lei.

Presidente da Câmara Municipal. Parentes candidatos. O Tribunal Superior Eleitoral possui significativo precedente nos seguintes termos: "Presidente. Câmara de Vereadores. Parentes. Elegibilidade. Não há necessidade de desincompatibilização por parte do presidente da Câmara de Vereadores para que seus parentes possam concorrer a qualquer cargo eletivo na mesma circunscrição eleitoral, salvo se, nos seis meses anteriores ao pleito, houver substituído, ou em qualquer época, sucedido o titular do Poder Executivo Municipal. Com esse entendimento, o Tribunal respondeu negativamente à consulta. Unânime. Consulta nº 590/DF, rel. Min. Edson Vidigal, em 21/03/2000".

Presidente da Câmara Municipal. Vacância do Prefeito. Segundo precedente do TSE: "(...) Presidente de Câmara Municipal e exercício da chefia do Poder Executivo em decorrência de dupla vacância. O Plenário do Tribunal Superior Eleitoral, por maioria, reafirmou que tem natureza precária o exercício da chefia do Poder Executivo pelo presidente de Câmara de Vereadores no caso de dupla vacância, motivo pelo qual ele não está impedido de concorrer ao cargo de prefeito e, se for eleito, à reeleição" (Recurso Especial Eleitoral nº 154-09, Vargem/SP, redator para o acórdão Min. Tarcisio Viera de Carvalho Neto, julgado em 1º/08/2017). E ainda: "(...) O presidente da Câmara dos Vereadores que desempenhara temporariamente o cargo de prefeito em decorrência da vacância dos cargos de prefeito e vice-prefeito e que fora eleito, em eleições suplementares ("mandato-tampão"), à chefia do Poder Executivo Municipal poderá concorrer ao mesmo cargo na eleição subsequente, porquanto a interinidade do cargo não encerra primeiro mandato para fins de exame da inelegibilidade por motivo de reeleição, ante a exegese teleológica e sistemática do art. 14, § 5º, da Constituição da República. 2. No caso *sub examine*, o Tribunal Superior Eleitoral já respondeu idêntico questionamento (Consulta nº 1.505/DF, Min. José Delgado), asseverando que a assunção da chefia do Executivo local, de forma temporária, ante a dupla vacância nos cargos de prefeito e vice-prefeito, não interdita possibilidade de o presidente da Câmara dos Vereadores concorrer à reeleição ao mesmo cargo de prefeito, após logrado êxito em eleições suplementares. 3. Consectariamente, tendo esta Corte já respondido idêntico questionamento, impõe-se a prejudicialidade da presente consulta. 4. Declaro prejudicada a presente consulta" (Consulta nº 12.537, Acórdão de 26/05/2015, Rel. Min. Luiz Fux, DJe de 10/09/2015, p. 54)

Prestação de contas de partido político. É uma obrigação legal imposta aos Partidos Políticos, conforme o teor da Lei nº 9.096/95 e resolução específica do Tribunal Superior Eleitoral. Se for descumprido esse dever, os partidos ficam sujeitos ao não recebimento do Fundo Partidário, por um tempo determinado. O Fundo Partidário é composto, em parte, de dinheiro público. Desse modo é imprescindível a devida prestação de contas e o regular uso dos valores.

Prestação de contas na Justiça Eleitoral. Os obrigados. O candidato, os órgãos partidários, ainda que constituídos sob forma provisória: a) nacionais; b) estaduais; c) distritais; e d) municipais.

Prioridade eleitoral para processos. "Os feitos eleitorais, no período entre o registro das candidaturas até 5 (cinco) dias após a realização do segundo turno das eleições, terão prioridade para a participação do Ministério Público e dos juízes de todas as justiças e instâncias, ressalvados os processos de habeas corpus e mandado de segurança (Lei nº 9.504/1997, art. 94, caput)". E ainda. "Além das polícias judiciárias, os órgãos das Receitas Federal, Estadual e Municipal, os tribunais e os órgãos de contas auxiliarão a Justiça Eleitoral na apuração dos delitos eleitorais, com prioridade sobre suas atribuições regulares (Lei nº 9.504/1997, art. 94, § 3º)".

Prisão de vereadores. Desde a expedição do diploma, os vereadores não poderão ser presos, salvo em flagrante de crime inafiançável. A diplomação é a última fase do processo eleitoral e antecede a posse.

Processo administrativo. Os **princípios** do processo administrativo são: a) legalidade objetiva; b) oficialidade; c) verdade material ou real; d) ampla defesa e contraditório; e) publicidade; e f) informalismo. As **fases** do processo administrativo são: a) instauração; b) instrução; c) defesa; d) relatório; e) decisão; f) pedido de reconsideração; e g) recurso. **Modalidades** do processo administrativo: a) mero expediente, b) internos, c) externos, d) de interesse público, e) de interesse particular, f) de controle, g) disciplinares, h) de outorga, e i) licitatórios.

Processo legislativo. É formado pela edição de atos normativos, por exemplo: a) emendas à Lei Orgânica; b) leis complementares;

c) leis ordinárias; d) leis delegadas; e) decretos legislativos; e f) resoluções.

Procuradoria-Geral da Câmara Municipal. Cuida da representação judicial e consultoria jurídica do Município. Os Procuradores do Município são organizados em carreira cujo ingresso depende de concurso público de provas e títulos.

Proibições ao Município. Por exemplo: a) recusar fé aos documentos públicos; e b) alienar bens imóveis sem a aprovação da maioria dos membros da Câmara Municipal.

Proporcionalidade eleitoral. O princípio da proporcionalidade deve ser observado nas decisões da Justiça Eleitoral. Em diversos dispositivos da Lei nº 9.504/97 se identifica uma previsão mínima e máxima de multas que podem ser aplicadas aos infratores. Por outro lado, o princípio da proporcionalidade não se exaure nessa constatação, mas possui ressonância, *v.g.*, no art. 73, §§ 4º e 5º, da Lei das Eleições; considerando que a multa poderá ser aplicada independentemente de outras sanções como a cassação do registro ou diploma. Pode ocorrer que a multa seja aplicada de forma independente de outras penalidades. Forma-se gradualmente uma natural divisão das sanções previstas na legislação em função de certos fatos efetivamente praticados. A Justiça Eleitoral verificará o local em que se realizou o pleito eleitoral, a quantidade de propaganda apta a causar uma desproporcionalidade entre os candidatos e o tipo de eleição (*majoritária ou proporcional*).

Provimento. Fato administrativo pelo qual se preenche um cargo público. O que é provimento originário? É o preenchimento do cargo para quem nunca foi servidor ou que sendo servidor fez um outro concurso público regido por estatuto diferente. O que é provimento derivado? É o que decorre de promoção, transferência, readaptação ou reintegração. É o preenchimento de cargo por servidor possuidor de vínculo anterior. Quais as formas de provimento? Nomeação (provimento originário). Promoção (provimento derivado). Transferência. Readaptação (decorre de limitações em relação à pessoa do servidor). Recondução (retorno do servidor ao cargo anterior por inabilitação em estágio probatório ou experimental). Ascensão (o servidor vai para outra carreira na classe inicial, mas essa carreira tem ligação de complementariedade com a anterior).

Publicidade. Requisito de validade do ato administrativo. A publicidade das leis e dos atos municipais ocorre por meio do *Diário Oficial do Município*. Os efeitos do ato só ocorrem após a publicação do ato formal.

Puxador de voto. No sistema eleitoral proporcional é o candidato mais popular aos eleitores que puxa o voto da legenda aumentando o quociente partidário. Dessa forma, o partido político aumenta o número de vagas no Parlamento. Todavia, a atual legislação eleitoral exige que os candidatos beneficiados pelo puxador de votos tenham uma votação nominal mínima de 10% (dez por cento) do quociente eleitoral para ocupar a vaga.

Termos selecionados (em latim).
Quaestio facti. Questão de fato.
Quaestio iuris. Questão de direito.
Quantum satis. Quanto baste.
Quantum sufficit. Em quantidade suficiente.

Quadro. Segundo leciona José Cretella Júnior é o "Conjunto de cargos criados por disposição geral e regulamentar, pelos textos orgânicos dos serviços públicos". Na verdade é um conjunto de carreiras, cargos isolados e funções de um mesmo serviço público, Poder ou órgão. Tito Prates da Fonseca esclarece que "os cargos, considerados com abstração dos órgãos a que pertencem, sejam eles individuais ou plurais, formam conjuntos que se denominam quadros" (José Cretella Júnior. *Dicionário de Direito Administrativo*. 3ª ed. Rio de Janeiro: Forense, 1978, p. 427).

Quitação eleitoral. O eleitor que tiver quitação eleitoral poderá se candidatar. Versa o art. 11, § 7º, da Lei nº 9.504/97: "A certidão de quitação eleitoral abrangerá exclusivamente a plenitude do gozo dos direitos políticos, o regular exercício do voto, o atendimento a convocações da Justiça Eleitoral para auxiliar os trabalhos relativos ao pleito, a inexistência de multas aplicadas, em caráter definitivo, pela Justiça Eleitoral e não remitidas, e a apresentação de contas de campanha eleitoral".

Quociente eleitoral. O quociente eleitoral (art. 106 do Código Eleitoral) é um mecanismo de cálculo determinado pela divisão do número total de votos válidos pelo número de lugares na Câmara dos Deputados, Assembleias Legislativas e Câmaras Municipais. Por exemplo: na Câmara Municipal de Sumidouro existem nove lugares para vereadores. O número 9 servirá para o critério de divisão dos votos válidos. 90.000 divididos por 9 = 10.000 votos válidos. Como resultado desta divisão se encontrará o quociente eleitoral representado por 10.000 votos válidos.

Quociente partidário. É o percentual (art. 107 do Código Eleitoral) obtido por partido ou coligação, através da divisão do número de votos alcançados pela legenda pelo quociente eleitoral. Atenção: os votos de um determinado candidato contam para a legenda. No exemplo anterior, o quociente partidário ocorrerá da seguinte forma: se, na cidade de Sumidouro, existirem em disputa três partidos políticos e o partido A teve 60.000 votos, o B, 20.000 e o C, 10.000, o quociente partidário (*quantidade de lugares ou vagas que determinado partido obterá na eleição*) dar-se-á pela divisão com o número do quociente eleitoral. Na hipótese, o partido A – 60.000 divididos por 10.000 = 6 lugares; B – 20.000 divididos por 10.000 = 2 lugares; e C – 10.000 divididos por 10.000 = 1 lugar.

Quórum. Diz respeito ao número de vereadores presentes ou de votos que são necessários em razão de previsão normativa constitucional ou infraconstitucional.

Termos selecionados (em latim).
Ratio stricta. Razão estrita.
Ratio summa. Suprema razão.
Ratione contractus. Em razão do contrato.

Ratione domicilii. Em razão do domicílio.

Ratione officii. Em razão do ofício (cargo).

Ratione personae. Em razão da pessoa.

Ratione temporis. Em razão do tempo.

Ratione valoris. Em razão do valor.

Reformatio in pejus. Reforma de decisão judicial prejudicial ao recorrente. Tal fato é vedado pelo ordenamento jurídico.

Restricto sensu. Em sentido estrito.

Readaptação. É a investidura do servidor público em cargo com atribuições equivalentes e compatíveis. Se for incapaz (física ou mentalmente) por confirmação médica oficial será aposentado. Se não existir cargo vago compatível o servidor exerce suas atribuições como excedente até vagar o cargo.

Receita dos Partidos Políticos. Os Partidos Políticos possuem receitas como: (i) recursos do Fundo Partidário nos termos do art. 38 da Lei nº 9.096/95; (ii) doações; (iii) sobras de campanhas; (iv) comercialização de produtos e bens; (v) realização de eventos; (vi) empréstimos; e (vii) rendimentos de aplicações financeiras. As doações, por exemplo, podem ser de pessoas físicas por meio de cheque cruzado e nominal ou depósito bancário em conta específica. Quanto à doação de bens ou serviços estimáveis é necessária a comprovação por documentação específica, por exemplo, um contrato de comodato. Os órgãos partidários devem emitir recibos para fins contábeis.

Recesso. É um período de tempo de paralisação dos eventuais trabalhos deliberativos da Câmara Municipal.

Reclamação. Leciona o doutrinador José dos Santos Carvalho Filho que é modalidade de recurso, quando o interessado pleiteia uma revisão do ato que lhe causou prejuízos.

Recondução. É o retorno do servidor ao cargo anteriormente ocupado em razão da reintegração do titular do cargo.

Recurso contra a expedição do diploma. Contra a expedição de diploma, caberá o recurso previsto no art. 262 do Código Eleitoral, no prazo de 3 dias da diplomação. E enquanto o Tribunal Superior

Eleitoral não decidir o recurso interposto contra a expedição do diploma, poderá o diplomado exercer o mandato em toda a sua plenitude (Código Eleitoral, art. 216). Cabe por inelegibilidade superveniente seguindo-se o verbete sumular nº 47 do Egrégio Tribunal Superior Eleitoral, ou seja, é aquela que surge até a data do pleito. O RCED é cabível ainda por inelegibilidade constitucional e falta de condição de elegibilidade.

O artigo 262 do Código Eleitoral que trata do Recurso contra a Expedição do Diploma possui atualmente a seguinte redação: **Art. 262. O recurso contra expedição de diploma caberá somente nos casos de inelegibilidade superveniente ou de natureza constitucional e de falta de condição de elegibilidade.** (Redação dada pela Lei nº 12.891, de 2013). **§ 1º A inelegibilidade superveniente que atrai restrição à candidatura, se formulada no âmbito do processo de registro, não poderá ser deduzida no recurso contra expedição de diploma.** (Incluído pela Lei nº 13.877, de 2019) **§ 2º A inelegibilidade superveniente apta a viabilizar o recurso contra a expedição de diploma, decorrente de alterações fáticas ou jurídicas, deverá ocorrer até a data fixada para que os partidos políticos e as coligações apresentem os seus requerimentos de registros de candidatos.** (Incluído pela Lei nº 13.877, de 2019) **§ 3º O recurso de que trata este artigo deverá ser interposto no prazo de 3 (três) dias após o último dia limite fixado para a diplomação e será suspenso no período compreendido entre os dias 20 de dezembro e 20 de janeiro, a partir do qual retomará seu cômputo.**

A inelegibilidade referida pelo legislador nesse §1º jamais pode ser interpretada como de natureza "superveniente". Deveras, trata-se de inelegibilidade antecedente como já explicado alhures.

A *mens legislatoris* objetivou impedir que no RCED possam ser novamente verificadas hipóteses de inelegibilidade que tenham sido afastadas na decisão do registro de candidatura, impedindo assim que seja feita uma reinterpretação.

Assinale-se que o dispositivo legal novamente possui uma impropriedade terminológica, pois na leitura completa do texto legal fica evidente que não se trata de inelegibilidade superveniente, mas antecedente ou preexistente ao requerimento de registro.

O último dia para requerer o registro, segundo previsão do art. 11 da Lei 9.504/97 é o dia 15 de agosto do ano de eleição.

Desse modo, a interpretação deve ser restritiva, para se reduzir o alcance da lei e encontrar a sua exata vontade. Leia-se: inelegibilidade antecedente ou preexistente.

Se existe uma inelegibilidade que antecede o período registral de uma candidatura, ela deve ser arguida pela Ação de Impugnação ao Requerimento de Registro de Candidatura (art. 3º da LC nº 64/90) ou cognoscível *ex officio* pela Justiça Eleitoral, jamais caberia RCED, considerando que o mesmo estava reservado para os casos de inelegibilidade superveniente.

O legislador se equivocou profundamente na interpretação do sistema normativo das inelegibilidades.

Recursos de origem não identificada. Na campanha eleitoral pode acontecer de serem verificados recursos não identificados quando da prestação de contas do candidato, por exemplo, a falta de identificação do doador. Nesse caso, os partidos ou os candidatos devem transferir o dinheiro para o Tesouro Nacional por guia de recolhimento da União (GRU).

Recursos financeiros. O Município pode contar com recursos finaceiros como: arrecadação dos tributos de sua competência, alienação de bens dominicais, multas e receitas de seus serviços.

Redistribuição. É o deslocamento de cargo de provimento efetivo ocupado ou vago no âmbito do quadro geral de pessoal, para outro cargo ou entidade do mesmo Poder, desde que ocorra prévia aprovação do órgão competente.

Reeleição. A reeleição é uma recandidatura que permite aos chefes do Executivo concorrerem para mais um mandato eletivo consecutivo, conforme previsão no art. 14, § 5º, da Carta Magna. Em relação aos eleitos pelo sistema proporcional (deputados e vereadores) não há limite para a reeleição.

Referendo. Afirma o § 2º do art. 2º da Lei 9.709/98 que: *"O referendo é convocado com posterioridade a ato legislativo ou administrativo, cumprindo ao povo a respectiva ratificação ou rejeição"*. Desta forma, a convocação dos plebiscitos e referendos é disciplinada na *Lei nº 9.709/98*, por exemplo, decreto legislativo, quando

Dicionário Simplificado de Direito Municipal e Eleitoral

tratar de questões de relevância nacional. O art. 49, XV, da Constituição da República atribui ao Congresso Nacional autorizar referendo e convocar plebiscito. Foi o caso dos Decretos Legislativos nos 136 e 137, de 2011, assinados pelo Presidente do Senado Federal, que convocaram o plebiscito para a criação dos Estados do Carajás e Tapajós.

Reintegração. É o retorno do servidor ao cargo que ocupava, porque ocorreu ilegalidade no ato de sua demissão. É uma forma de reingresso do servidor exonerado de ofício ou demitido. A reintegração é feita no cargo anteriormente ocupado. Se alterado no resultante da alteração. Se extinto, em outro de vencimento equivalente, de acordo a habilitação profissional.

Remuneração dos vereadores. Segundo previsão, por exemplo, na Lei Orgânica do Município do Rio de Janeiro, art. 51: "A remuneração dos vereadores será fixada em cada legislatura, para a subsequente, pela Câmara Municipal, observado o disposto nos arts. 150, II, 153, III, § 2º, I, da Constituição da República. A remuneração dos vereadores será composta de uma parte fixa e outra variável".

Remuneração. É o total percebido pelo servidor público, e inclui as vantagens. O que se entende por vantagens pecuniárias? Engloba os adicionais e gratificações. São parcelas que o servidor conquista durante sua vida funcional. Adicionais são quinquênios, triênios e biênios. Gratificações são retribuições em razão do exercício de funções especiais.

Representação judicial. A Câmara Municipal tem como órgão de representação judicial a Procuradoria-Geral da Câmara Municipal, com funções de consultoria jurídica. As Leis Orgânicas Municipais fazem menção à carreira de Procurador da Câmara Municipal, bem como à organização e ao funcionamento da instituição, que são disciplinados em lei complementar, dependendo o respectivo ingresso de provimento à classificação em concurso público de provas e títulos, organizado com a participação da Ordem dos Advogados do Brasil.

Representação pela Câmara Municipal. Dentre as competências da Câmara Municipal cumpre representar ao Procurador-Geral de Justiça, mediante aprovação de dois terços dos seus membros, contra o Prefeito, o Vice-Prefeito, Secretários Municipais, o

Procurador-Geral do Município e ocupantes de cargos da mesma natureza, pela prática de crime contra a administração pública de que tiver conhecimento.

Representação. Segundo leciona o doutrinador José dos Santos Carvalho Filho é: "(...) recurso administrativo pelo qual o recorrente, denunciando irregularidades, ilegalidades e condutas abusivas oriundas de agentes da Administração, postula a apuração e a regularização dessas situações" (*Manual de Direito Administrativo*. 5ª ed. Rio de Janeiro: Lumen Juris, p. 671).

República. A República é uma forma de governo que se caracteriza pela ausência de vantagens política hereditárias (de pai para filho ou neto). Por outro lado, se reconhece a vontade popular que elege o representante político de forma direta ou indireta (voto). Pode existir regime tirânico ou despótico adotando-se a república, mas geralmente ela está ligada ao regime democrático. A palavra *república* significa "coisa do povo ou pública". Desta forma, o governo republicano deve sempre valorizar a vontade do povo pelo interesse comum, eliminando as formas de interesses privados. Objetiva-se o BEM COMUM e o respeito às leis. A república pressupõe a renovação por eleições populares dos mandatos eletivos, afastando-se a permanência de uma mesma família ou clã político em determinada localidade. Adota-se a forma republicana nos Estados Unidos e França. No Brasil, a forma de governo republicana estabelece: a) responsabilidade no poder; b) temporariedade no poder; c) eletividade para os mandatos políticos; d) legitimidade do poder político; e e) garantia das liberdades. Diz a Constituição da República Federativa do Brasil (a Lei Maior): "Nós, representantes do povo brasileiro, reunidos em Assembleia Nacional Constituinte para instituir um Estado Democrático, destinado a assegurar o exercício dos direitos sociais e individuais, a liberdade, a segurança, o bem-estar, o desenvolvimento, a igualdade e a justiça como valores supremos de uma sociedade fraterna, pluralista e sem preconceitos, fundada na harmonia social e comprometida, na ordem interna e internacional, com a solução pacífica das controvérsias, promulgamos, sob a proteção de Deus, a seguinte CONSTITUIÇÃO DA REPÚBLICA FEDERATIVA DO BRASIL. TÍTULO I. Dos Princípios Fundamentais. Art. 1º A **República Federativa do Brasil**, formada pela união indissolúvel dos Estados e Municípios e do Distrito Federal, constitui-se em Estado Democrático de Direito e tem como fundamentos: I – a soberania; II – a cidadania; III – a dignidade da pessoa humana; IV – os valores sociais do trabalho e da livre iniciativa; V – o pluralismo político. Parágrafo único. Todo o poder emana do povo, que o exerce por meio de representantes eleitos ou diretamente, nos termos desta Constituição. Art. 2º São Poderes da União, independentes e harmônicos entre si, o Legislativo, o Executivo e o Judiciário. Art. 3º Constituem objetivos fundamentais da **República Federativa do Brasil:** I – construir uma sociedade livre, justa e solidária; II – garantir o desenvolvimento nacional; III – erradicar a pobreza e a marginalização e reduzir as desigualdades sociais e regionais; IV – promover o bem de todos, sem preconceitos de origem, raça, sexo, cor, idade e quaisquer outras formas de discriminação. Art. 4º A **República Federativa do Brasil** rege-se nas suas relações internacionais pelos seguintes princípios: I – independência nacional; II – prevalência dos direitos humanos; III – autodeterminação dos povos; IV – não intervenção; V – igualdade entre os Estados; VI – defesa da paz; VII – solução pacífica dos conflitos; VIII – repúdio ao terrorismo e ao racismo; IX – cooperação entre os povos para o progresso da humanidade; X – concessão de asilo político. Parágrafo único. A **República Federativa do Brasil** buscará a integração econômica, política, social e cultural dos povos da América Latina, visando à formação de uma comunidade latino-americana de nações".

Reversão. Ocorre com servidor público inativo por dois motivos: a) ilegalidades na aposentadoria; e b) em casos de invalidez, quando o servidor é submetido à junta médica que atesta sua aptidão restabelecendo-se a situação anterior. É o fim da invalidez. A reversão faz-se no mesmo cargo ou no cargo resultante de sua tranformação. Se o servidor inativo tiver completado 70 (setenta) anos de idade não poderá ser revertido. Se o cargo estiver provido o servidor exerce atribuições como execedente aguardando a vaga.

S

Termos selecionados (em latim).
Secundum ius. Segundo o direito.

Secundum legge. Segundo a lei.

Secundum verba. Segundo a palavra.

Secundum voluntatem. Segundo a vontade.

Sic. Empregado entre parênteses, no final de uma citação ou no meio de uma frase, indica, por errado ou estranho que se pareça, reprodução textual do original ou chama a atenção para o que se afirma.

Sine causa. Sem ação; sem causa.

Sine die. Sem dia marcado.

Sine iure. Sem direito.

Solemnia verba. Palavras solenes.

Status quo ante. Condição anterior.

Stricto sensu. Sentido estrito. Sentido literal, que não admite interpretação.

Sub judice. Questão que está pendente de julgamento.

Sui generis. Original. Sem comparação. Único do gênero.

Sanção pelo Prefeito. Com a conclusão da votação do projeto de lei, a Câmara Municipal o enviará ao Prefeito, que, aquiescendo, o sancionará. Se o Prefeito considerar o projeto, no todo ou em parte, inconstitucional ou contrário ao interesse público, vetá-lo-á total ou parcialmente.

Santinho. O Egrégio TSE disciplinou a sanção para o **derrame de material de propaganda no local da votação**, ainda que na véspera do dia da eleição, sujeitando o infrator à multa do § 1º do art. 37 da Lei nº 9.504/97. Nesse sentido, art. 14, § 7º, da Resolução TSE nº 23.457/2015.

Seção eleitoral. As seções eleitorais são locais de votação (arts. 117 e 135 do Código Eleitoral), sendo que para cada seção haverá uma urna eletrônica, mas a lei permite duas cabines por seção (duas urnas). Uma zona eleitoral possui diversas seções eleitorais.

Segurança pública. A segurança pública da sociedade se faz pelo controle da ordem interna, evitando brigas, destruições, danos e atentados às pessoas e bens do Estado. Diz a Constituição da

República Federativa do Brasil no art. 144 que: "A segurança pública, dever do Estado, direito e responsabilidade de todos, é exercida para a preservação da ordem pública e da incolumidade das pessoas e do patrimônio, através dos seguintes órgãos: I – polícia federal; II – polícia rodoviária federal; III – polícia ferroviária federal; IV – polícias civis; V – polícias militares e corpos de bombeiros militares". "Polícia – Sentido geral: força pública destinada à manutenção da ordem pública e à repressão da criminalidade. Sentido jurídico: Conjunto de regras impostas por uma autoridade pública aos cidadãos para o conjunto dos atos da vida corrente ou reger uma atividade determinada, dentro do objetivo de manter uma certa ordem na cidade; e por extensão, a implementação dessas regras" (André-Jean Arnaud. *Dicionário Enciclopédico de Teoria e Sociologia do Direito*. Rio de Janeiro: Renovar, 1999, p. 593).

Serviços delegados. São serviços públicos que podem ser delegados aos particulares mediante procedimento licitatório. Por exemplo, os contratos de concessão de linhas de ônibus e os termos de permissão. Os detentores de autorizações de serviços públicos sujeitam-se ao permanente controle e à fiscalização do Poder Público.

Servidores públicos. Leciona José dos Santos Carvalho Filho que são: "Todos os agentes que, exercendo com caráter de permanência uma função pública em decorrência de relação de trabalho, integram o quadro funcional das pessoas federativas, das autarquias e das fundações públicas de natureza autárquica" (*Manual de Direito Administrativo*. 5ª ed. Rio de Janeiro: Lumen Juris, 1999, p. 419). As pessoas físicas dotadas de capacidade para exercer poderes e cumprir deveres, por meio de uma competência ou atribuição são servidores públicos. A função pública habilita uma pessoa física a ocupar um determinado lugar em órgão ou ofício administrativo existente. Classificação dos agentes públicos: a) servidores públicos; b) militares; c) empregados públicos (regime celetista); d) servidores temporários; e) agentes delegados, colaboradores ou honoríficos (ex.: jurados, mesários e escrutinadores), ou seja, exercem funções transitórias, sem remuneração e sem vínculo empregatício ou estatutário – ainda se incluem os concessionários e permissionários dos serviços públicos que recebem remuneração para a execução de obras, serviços etc.; f) agentes credenciados (recebem missões de representação para determinado ato); g) agentes políticos que são os titulares de funções públicas – cargo público (ex.: Magistrados, Deputados, Senadores, Prefeitos, Vereadores, membros do Ministério Público e membros dos Tribunais de Contas); e h) agentes de fato (necessários ou putativos/ imaginários), são os necessários, pessoas que realizam tarefas emergenciais diante de calamidades públicas, enquanto os imaginários, pessoas que usurpam funções públicas e praticam atos em nome da pessoa jurídica de direito público. Os atos praticados pelo agentes imaginários são válidos em relação a terceiras pessoas inocentes.

Sessão. As sessões da Câmara Municipal podem ser preparatórias, ordinárias, extraordinárias e solenes. As sessões ordinárias realizam-se de acordo com o Regimento Interno em período de tempo, por exemplo, de 15 de fevereiro até 30 de junho e de 1º de agosto até 15 de dezembro. Já as sessões extraordinárias são realizadas por convocação expressa em caso de urgência e interesse público relevante. A sessão legislativa compreende um ano de trabalho da Câmara Municipal.

Sigilo do voto. O sigilo do voto é uma cláusula pétrea, garantia da eternidade, imutabilidade qualificada, norma eminentíssima ou limitação material explícita ao poder constituinte derivado reformador. A previsão do voto secreto, universal e periódico como cláusula pétrea está no inciso II do § 4º do art. 60 da Constituição Federal. No Código Eleitoral o sigilo é assegurado no art. 103. Se for violado, enseja a nulidade dos votos.

Símbolo. Símbolo é a representação material de alguma coisa não material, ou seja, de uma ideia, de um pensamento, de um sentimento de um todo, que não possua forma, peso, medida ou dimensões. Símbolos Nacionais são objetos físicos que representam a Nação, o Estado, a Pátria brasileira. Essas noções confundem-se, na linguagem vulgar, mas diferenciam-se na linguagem técnica.

Símbolos municipais. São o brasão, a bandeira e o hino, cabendo à lei regulamentar seus usos.

Sindicância. Leciona José dos Santos Carvalho Filho, *in verbis:* "Tradicionalmente os autores, na matéria pertinente ao poder disciplinar do Estado, têm feito referência aos chamados meios sumários, que seriam instrumentos céleres e informais para a apuração de infrações funcionais e para a aplicação de sanções. É clássico, por exemplo, o ensinamento de Hely Lopes Meirelles de que haveria três meios sumários de penalização: a sindicância, a verdade sabida e o termo de declarações... Essas formas sumárias de apuração, contudo, não mais se compatibilizam com as linhas atuais da vigente Constituição. As normas constantes de estatutos funcionais que as preveem não foram recepcionadas pela Carta de 1988, que foi peremptória em assegurar a ampla defesa e o contraditório em processos administrativos onde houvesse litígio, bem como naqueles em que alguém estivesse na situação de acusado. Quanto à sindicância sumária, já vimos exaustivamente que tal processo não pode gerar punição, e se vai gerar não é sindicância, mas sim processo disciplinar principal. Não mais serve como meio sumário de punição. A verdade sabida e o termo de declarações, a seu turno, também não dão ensejo a que o servidor exerça seu amplo direito de defesa. Não há guarida, portanto, para tais mecanismos de apuração em face da atual Constituição. Aliás, nem se precisa ir muito longe. A cada momento em que um servidor é tido como merecedor de sanção, é lógico que a Administração o está acusando da prática de uma infração. Se é acusado, tem o direito à ampla defesa e ao contraditório. Mesmo que a infração seja leve e possa dar causa a uma mera advertência, deve instaurar-se o processo disciplinar e proporcionar o contraditório. Esse entendimento, já aceito entre os modernos doutrinadores, tem sido abonado por decisões judiciais, sensíveis ao quadro normativo constitucional e ao novo delineamento que vigora sobre a matéria" (*Manual de Direito Administrativo*, ob. cit., p. 701).

Sistema eleitoral. É um conjunto de técnicas legais que objetiva organizar a representação popular, com base nas circunscrições eleitorais (*divisões territoriais entre Estados, Municípios, distritos e bairros*). **Sistema majoritário**, a vitória é do candidato que tiver mais votos, considerando a maioria absoluta ou relativa. Exemplo: em eleições para Prefeito em Municípios com menos de 200 mil eleitores e para Senador é adotada a maioria relativa. Em eleições para Prefeitos em Municípios com mais de 200 mil eleitores (*art. 29, II, da CF*), Governadores de Estado, distrital e Presidente da

República, adota-se a maioria absoluta. A maioria absoluta dá-se em dois turnos: no primeiro é eleito o candidato que tiver mais votos que os de todos os concorrentes somados. Não ocorrendo esta hipótese, é realizado o segundo turno, com os dois mais votados. O **sistema da representação proporcional** *"assegura aos diferentes partidos políticos no Parlamento uma representação correspondente à força numérica de cada um. Ela objetiva assim fazer do Parlamento um espelho tão fiel quanto possível do colorido partidário nacional"* (Pinto Ferreira. *Código Eleitoral Comentado*. 4ª ed. Rio de Janeiro: Saraiva, 1997, p. 169). O sistema proporcional no Brasil elege os Deputados Federais, Estaduais, Distritais e vereadores adotando-se o quociente eleitoral e o partidário. No sistema distrital, fala-se em voto distrital, ou seja, o espaço geográfico do território nacional e dos Estados ou Municípios é devidamente dividido em regiões. Os candidatos concorrem por certas regiões e a escolha dos eleitores é majoritária. Quem tiver o maior número de votos é eleito. Esse é chamado de **distrital puro**. Não se leva em conta regras proporcionais. O **distrital misto** também divide o Estado em regiões, mas metade dos Deputados é escolhida pelo sistema vigente proporcional e a outra metade, por regiões. Cria-se uma divisão do tipo de Deputado, ou seja, se ele é do distrito ou se recebe votos de outras regiões.

Soberania popular. Consagra-se na ideia de soberania popular uma **autodeterminação política do cidadão** participando na escolha do seu governo, mas segundo *Rousseau: "A soberania reside na vontade geral e a vontade não admite representação. Não existe uma possibilidade intermediária. Os Deputados do povo, portanto, não são e não podem ser os seus representantes: são apenas seus agentes, e não podem levar a cabo nenhum ato definitivo [...]"* (*O Contrato Social,* livro I, capítulo VI). E ainda escreve: "Suponhamos que o Estado seja composto de 10.000 cidadãos; cada membro do Estado não tem, por sua parte, senão a décima milésima parte da autoridade soberana" (Rosseau, ob. cit., III, I, in: *Oeuvres Complètes, La Pléiade,* tomo III, p. 397).

Subsídio de vereadores. "O Plenário do Tribunal Superior Eleitoral, por maioria, reafirmou que o pagamento a maior de subsídio a vereadores, em descumprimento ao art. 29, inciso VI, da

Constituição da República, constitui irregularidade insanável e ato doloso de improbidade administrativa, que atrai a inelegibilidade do art. 1º, inciso I, alínea *g*, da Lei Complementar 64/90" (Recurso Especial Eleitoral nº 93-07, Santa Maria Madalena/RJ, Rel. Min. Nancy Andrighi, em 18/12/2012).

Subsídios. É a remuneração paga aos membros de Poder, tais como: Presidente da República, Governadores, Deputados, Senadores, magistrados, membros do Ministério Público (agentes políticos). O subsídio é fixado numa parcela única (art. 39, § 4º, da Constituição Federal). O subsídio só ocorre por lei específica (art. 37, X, da Constituição Federal). A iniciativa é da Câmara dos Deputados ou Senador Federal (arts. 51, IV, e 52, XIII, da Constituição Federal).

Substituição. No que pertine aos servidores que estejam investidos em cargos ou funções de chefia, podem ser substituídos na forma regimental ou por indicação de designação do chefe hierárquicamente superior. O substituto faz *jus* à remuneração pelo exercício do cargo de função ou direção, nas hipóteses de afastamentos ou impedimentos legais do titular que superam o prazo de 30 (trinta) dias consecutivos ou, proporcionalmente pelos dias de efetiva substituição.

Sufrágio. É a emanação, o desejo, a vontade política do cidadão expressada pelo voto, que pode resultar na eleição de representantes (Prefeitos e vereadores) ou na decisão direta sobre certos temas de interesse público da sociedade (*plebiscito ou referendo*). O voto deve dignificar o efetivo exercício da manifestação livre e soberana da vontade. O voto popular nas eleições municipais é uma forma de sufrágio.

Sufrágio restrito. Compreende limitações a determinados tipos de situações. São obstáculos ao pleno exercício do voto impostos a membros de uma população por razões econômicas, políticas e sociais estipuladas em função de regimes e sistemas de governos. Subdividem-se em: (i) **sufrágio capacitário,** que atribui o direito de voto para uma classe de cidadãos que comprovem um nível intelectual ou grau de instrução; e (ii) **sufrágio censitário**, só votavam os cidadãos que podiam demonstrar condições financeiras ou de fortuna.

Sufrágio universal. Aqui, encarta-se o sufrágio universal ou cosmopolita que inadmite as restrições atinentes às condições de fortuna ou capacidade intelectual. A expressão **universal** é no sentido da maximização do direito de voto ao povo de um determinado território (*circunscrição eleitoral*). A Carta Fundamental, no art. 60, § 4º, II, trata como cláusula pétrea o sufrágio universal. Assim, o objetivo que deve ser alcançado pela legislação eleitoral é sempre no rumo da amplitude do direito de votar, do *Jus Suffragi*.

Suplente. O suplente do vereador é escolhido em razão do sistema eleitoral proporcional, ou seja, o candidato que foi mais bem votado individualmente na lista aberta do partido político que ocupará a vaga decorrente do afastamento do titular do mandato eletivo. O suplente será convocado nos casos de vaga, de investidura nos cargos ou funções, ou ainda, de licença superior ao prazo firmado na Lei Orgânica Municipal, por exemplo, de cento e vinte dias.

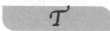

Testemunho do vereador. Os vereadores não são obrigados a testemunhar sobre informações recebidas ou prestadas em razão do exercício do mandato, nem tampouco sobre as pessoas que lhes confiaram ou deles receberam informações.

Título eleitoral. O título é o documento solene e formal que expressa a cidadania brasileira, sendo impresso nas cores preto e verde com marca d'água, constando ao fundo as Armas da República, sendo contornado por serrilha. O título faz prova, até a data de sua emissão, que o eleitor está regular com a Justiça Eleitoral; é a quitação, ou seja, a prova do cumprimento de suas obrigações cívicas e políticas. A entrega do título é sempre pessoal, através de comprovação de documento oficial de identidade do eleitor.

Transição administrativa. É um período de tempo em que o Prefeito transmite ao sucessor a rotina administrativa do Município. Logo após a divulgação, pelo Tribunal Regional Eleitoral, dos resultados das eleições municipais, o Prefeito entregará a seu sucessor relatório da situação administrativa e financeira do Município, e garantirá o acesso a qualquer informação que for solicitada. O mesmo ocorre na Câmara Municipal.

Tribunal de Contas do Município. O controle externo, a cargo da Câmara Municipal, será exercido com o auxílio do Tribunal de Contas do Município. As decisões do Tribunal de Contas de que resulte imputação de débito ou multa terão eficácia de título executivo. É assegurada autonomia administrativa e financeira. Os Conselheiros dos Tribunais de Contas são escolhidos pelo Prefeito e pela Câmara Municipal.

Tribunal Regional Eleitoral. Base legal: (*CF, arts. 118, II; 120; CE, art. 25*). Composição: 2 desembargadores dos Tribunais de Justiça – Presidente e Vice-Presidente; 2 juízes estaduais escolhidos pelo Tribunal de Justiça (a escolha segue o regimento interno e a Resolução-TSE nº 20.958/2001); 1 juiz federal escolhido pelo Tribunal Regional Federal (a escolha segue o regimento interno do TRF e a Resolução-TSE nº 20.958/2001); 2 advogados (classe dos juristas). A indicação deveria ser feita pela OAB, Conselho Regional ou Seccional. No entanto, os Tribunais de Justiça elaboram uma lista tríplice (Res.-TSE nº 20.958/2001, art. 12) que é encaminhada ao Tribunal Superior Eleitoral, por meio dos Tribunais Regionais Eleitorais, e, após análise pelo TSE, é submetida ao Presidente da República para nomeação de um dentre os três nomes indicados pelo Tribunal de Justiça. No Brasil existem 27 Tribunais Regionais Eleitorais (*um em cada Estado da Federação e um no Distrito Federal*).

Tribunal Superior Eleitoral. É o órgão superior da Justiça Eleitoral. Base legal: (*Constituição Federal, arts. 118, I, e 119; Código Eleitoral, art. 16*). Composição: 3 Ministros do STF – Presidente e Vice-Presidente; 2 Ministros do STJ – um será o Corregedor Eleitoral; 2 advogados (classe dos juristas) (indicados pelo STF e nomeados pelo Presidente da República).

Tributos municipais. São os impostos, taxas, e contribuição de melhoria. Os impostos municipais compreendem: a) Imposto Sobre Propriedade Predial e Territorial Urbana; b) Imposto Sobre Serviços de Qualquer Natureza, exceto os serviços de transportes interestadual e intermunicipal e de comunicações; c) Imposto Sobre a Transmissão de Bens *Inter Vivos*, a qualquer título, por ato oneroso; e d) Imposto Sobre Vendas a Varejo de Combustíveis Líquidos e Gasosos, exceto óleo diesel.

U

Termos selecionados (em latim).

Ubi. Onde.

Ubi societas, ibi ius. Onde há sociedade, há direito.

Ultra petita. Fora do pedido, que vai além do pedido. Uma sentença não pode decidir para além do que foi pedido pelo autor na inicial.

Una voce. A uma só voz.

Urbi et orbi. Em todo lugar.

Usque ad terminum. Até o fim.

Ut retro. Como ficou dito antes.

Ut rogas. Como proposto.

União Federal. É uma pessoa jurídica de natureza política e de direito público com funções internas e externas. Não é uma empresa. Não é uma pessoa física. A União atua de forma externa, por exemplo, representando a República Federativa do Brasil em tratados e convenções e nas relações internacionais. Assim, a República Federativa do Brasil é o Estado Federal, mas a União é a representante. Quando o Brasil trata com outros países sobre a sua soberania, é a União que atua. Não é o Estado, nem o Distrito Federal nem o Município. A União tem relações internas, quando executa serviços públicos, legisla e assina contratos e documentos com os Estados e Municípios. A base física da União é o Distrito Federal. "(...) A União é a pessoa jurídica de direito público com capacidade política, que ora se manifesta em nome próprio, ora se manifesta em nome da Federação. Uma das características do Estado Federal é ele possuir uma dupla face: em certos aspectos ele se apresenta como um Estado unitário e, em outros, aparece como um agrupamento de coletividades descentralizadas. De fato, quando a União mantém relações com Estados estrangeiros, participa de organizações internacionais, declara guerra e faz a paz, está representando a totalidade do Estado brasileiro. Está agindo como se o Brasil fosse um Estado unitário. Diante do Estado estrangeiro. A União exerce a soberania do Estado brasileiro, fazendo valer os seus direitos e assumindo todas as obrigações. Em consequência, os países estrangeiros não reconhecem nos Estados-membros e Municípios personalidades de direito internacional. São, tão somente, pessoas jurídicas de direito público do Brasil" (Celso Ribeiro Bastos. *Curso de Direito Constitucional*. São Paulo: Celso Bastos Editora, 2002, p. 491).

Urna eletrônica. A urna eletrônica integra o sistema eletrônico de votação e contabilizará os votos preservando o sigilo e a inviolabilidade, assegurando ampla fiscalização. Nas seções em que for adotada a urna eletrônica, somente poderão votar eleitores cujos nomes estiverem nas respectivas folhas de votação.

Uso da palavra. O vereador pode fazer uso da palavra, por exemplo, quando versar assunto de sua livre escolha, explicação pessoal, discutir matéria em debate, apartear, encaminhar a votação, declarar voto, apresentar ou retirar requerimento e levantar Questão de Ordem.

V

Termos selecionados (em latim).

Vacatio legis. Período entre o dia da publicação de uma lei e o dia em que ela efetivamente passa a gerar efeitos.

Verba legis. As palavras da lei.

Verbi gratia. A saber, por exemplo.

Verbo ad verbum. Palavra por palavra.

Vexata quaestio. Questão debatida.

Virtus probandi. A força da prova.

Vox dei. Voz de Deus.

Vox populi. Voz do povo.

Vacância. "(...) ato administrativo pelo qual o servidor é destituído do cargo, emprego ou função. Decorre da exoneração, demissão, aposentadoria, promoção e falecimento. O art. 33 da Lei nº 8.112/90 prevê ainda a ascensão, a transferência, a readaptação e a posse em outro cargo inacumulável" (Maria Sylvia Zanella Di Pietro. *Direito Administrativo*. 4ª ed. São Paulo: Atlas, 1994, p. 384).

Vencimento. É uma retribuição padrão, retribuição básica. O que se entende por vencimentos? A palavra no plural é compreendida como um somatório do vencimento base mais as vantagens pessoais conquistadas. O vencimento padrão pode ser inferior ao valor de 1 (um) salário mínimo? Não, arts. 7º, IV, e 39, § 3º, ambos da Constituição Federal). Qual a natureza jurídica dos vencimentos? São impenhoráveis, porque possuem natureza alimentar e salarial.

Verba indenizatória a vereadores. "O Plenário do Tribunal Superior Eleitoral, por unanimidade, reafirmou sua jurisprudência, no sentido de que o pagamento indevido a vereadores, a título de participação em sessões extraordinárias, constitui irregularidade insanável, que atrai a inelegibilidade prevista no art. 1º, inciso I, alínea "g", da Lei Complementar nº 64/90" (Agravo Regimental no Recurso Especial Eleitoral nº 329-08/SP, Rel. Min. Laurita Vaz, em 13/11/2012).

Vereador. Condenação pelo Tribunal do Júri. Segundo precedente do TSE: "(...) Incorre em inelegibilidade aquele que foi condenado por crime doloso contra a vida julgado pelo Tribunal do Júri, que é órgão judicial colegiado, atraindo a incidência do disposto no art. 1º, inciso I, alínea "e", nº 9, da LC nº 64/90, com as modificações introduzidas pela LC nº 135/2010" (DJe de 13/08/2013. Recurso Especial Eleitoral nº 611-03/RS. Rel. originário: Min. Marco Aurélio. Redatora para o acórdão: Min. Laurita Vaz).

Vereador. Crime eleitoral. Sem foro privilegiado. Em precedentes do TSE: "(...) A Constituição Federal não estabelece foro privilegiado para vereadores, como o faz para os prefeitos (art. 29, X), razão pela qual não haveria como aplicar o princípio do paralelismo constitucional para se concluir pela competência originária da Corte Regional para o julgamento de crimes eleitorais supostamente praticados contra detentores do cargo de vereador". (Precedentes: HC nº 3-26, Rel. Min. Maurício Corrêa, DJe de 04/09/1998 e AgR-HC nº 316-24, Rel. Min. Marcelo Ribeiro, DJe de 17/05/2011. Agravo regimental a que se nega provimento. *DJe* de 15/12/2015.

Agravo Regimental no Recurso Especial Eleitoral nº 41-42/RJ Rel. Min. Henrique Neves da Silva).

Vereador. Crime. Lei da Ação Civil Pública. Segundo precedente do TSE: "(...) O Plenário do Tribunal Superior Eleitoral, por maioria, entendeu que o crime tipificado no art. 10 da Lei nº 7.347/85 não enseja a inelegibilidade prevista no art. 1º, inciso I, alínea *e*, item 1, da Lei Complementar nº 64/90. Na espécie, trata-se de recurso eleitoral interposto de deferimento do registro de candidatura de vereador condenado pelo crime previsto no art. 10 da Lei nº 7.347/85" (Recurso Especial Eleitoral nº 207-35, Criciúma/SC, Rel. Min. Luciana Lóssio, julgado em 09/02/2017).

Vereador. Inelegibilidade. Art. 1º, I, "g" da LC nº 64/90. Segundo precedente do TSE: "(...) O art. 1º, inciso I, alínea *g*, do Estatuto das Inelegibilidades reclama, para a sua caracterização, o preenchimento, cumulativo, dos seguintes pressupostos fático-jurídicos: (i) o exercício de cargos ou funções públicas; (ii) a rejeição das contas pelo órgão competente; (iii) a insanabilidade da irregularidade apurada, (iv) o ato doloso de improbidade administrativa; (v) a irrecorribilidade do pronunciamento que desaprovara; e (vi) a inexistência de suspensão ou anulação judicial do aresto que rejeitara as contas (Agravo Regimental no Recurso Especial Eleitoral nº 468-90/SP. Rel. Min. Luiz Fux).

Vereador. Inelegibilidade. Improbidade. Não caracterização. Em precedente do TSE: "(...) A jurisprudência desta Corte é no sentido de que não incide a inelegibilidade da alínea *l* do inciso I do art. 1º da LC nº 64/90, nos casos em que a condenação por improbidade administrativa importou apenas violação aos princípios da administração pública, sendo necessária também a lesão ao patrimônio público e o enriquecimento ilícito" (Recurso Especial Eleitoral nº 1.541-44/SP. Rel. Min. Luciana Lóssio).

Vereador. Nas lições de Edílio Ferreira, "(...) a palavra Vereador vem do verbo 'verear' e significa aquele que vigia, aquele que zela pelos interesses da coletividade. Nas Ordenações Afonsinas, no século XV, já se fazia menção ao termo *vereador*" (*ABC do Vereador*. 2ª ed. Rio de Janeiro: Editora Forense, 1997). Nos ensinamentos de De Plácido e Silva, na obra *Vocabulário Jurídico* (revista e atualizada por Nagib Slaibi Filho e Gláucia Carvalho. Rio de Janeiro: Forense,

2002, p. 861), *in expressi verbis*: "(...) os vereadores, também são chamados de edis, são os componentes das Câmaras Municipais ou Câmara de Vereadores. Primitivamente, os vereadores tinham funções administrativas e judiciárias. Exerciam, assim, funções análogas aos decuriões da era romana. No Brasil, os vereadores tiveram, inicialmente, funções meramente administrativas, sendo afinal convertidos em legisladores municipais". Em sua obra *Manual do Vereador*, José Afonso da Silva ensina que: "(...) a palavra 'Vereador' vem do verbo verear. Significa 'pessoa que vereia', isto é, pessoa que tinha a incumbência de vigiar pela comodidade, bem-estar e sossego dos munícipes. Vereação era o lugar de verear, ou o conjunto de vereadores no exercício de suas funções" (*Manual do Vereador*. 3ª ed. São Paulo: Malheiros, 1997, p. 12). No período do Brasil como Colônia, os vereadores tinham suas atribuições nas Ordenações Filipinas e zelavam por documentos, rendas e arrecadações fazendo a função do Poder Executivo, Legislativo e até do Judiciário. A expressão *Vereação* significa a reunião dos vereadores em sua Câmara. Já no período do Império surgiram leis dispondo sobre competências das Câmaras Municipais. Os vereadores tinham atribuições como: cuidar de bens e obras municipais. Na República em 1889, a Carta de 1891 tratou da autonomia municipal no art. 68. Com a Constituição de 1934, os vereadores passaram a ser eleitos e os Municípios conquistaram autonomia. Na Constituição de 1937 garantiu a eleição dos vereadores e a autonomia municipal. Já na Carta de 1946 foi considerada municipalista, pois fortaleceu a função do vereador ao mandato de legislador local. Na Carta de 1967 foi reduzida a autonomia municipal e somente na Constituição da República Federativa do Brasil de 1988, o Município passou a efetivamente integrar a Federação com sua capacidade de auto-organização e os vereadores conquistaram novas atribuições, privilégios, prerrogativas, impedimentos e deveres.

Vias urbanas. É da competência do Município administrar as vias urbanas, pontes, túneis e viadutos situados em seu território, ainda quando integrem plano rodoviário federal ou estadual.

Vigência da lei. A Lei Complementar nº 95, de 26 de fevereiro de 1998, disciplina o tema, a saber: "Art. 8º A vigência da lei será indicada de forma expressa e de modo a contemplar prazo razoável para que dela se tenha amplo conhecimento, reservada a cláusula 'entra em vigor na data de sua publicação' para as leis de pequena repercussão. § 1º A contagem do prazo para entrada em vigor das leis que estabeleçam período de vacância far-se-á com a inclusão da data da publicação e do último dia do prazo, entrando em vigor no dia subsequente à sua consumação integral. § 2º As leis que estabeleçam período de vacância deverão utilizar a cláusula 'esta lei entra em vigor após decorridos (o número de) dias de sua publicação oficial'. Art. 9º A cláusula de revogação deverá enumerar, expressamente, as leis ou disposições legais revogadas".

Voto. Votar é exercer o sufrágio. O sufrágio é um direito abstratamente assegurado, ou seja, está assegurado ao cidadão que está alistado na Justiça Eleitoral. Já o voto é o instrumento, a ferramenta deste direito. Por exemplo: o maior de 70 anos tem direito ao sufrágio assegurado pela Constituição Federal, mas o voto é facultativo, ou seja, ele vota se quiser. Se não votar, não precisa justificar a ausência ou pagar a multa, porque ele está quite com suas obrigações eleitorais. Votar é uma forma de sufrágio. O plebiscito e o referendo são espécies de sufrágio. O maior de 16 (dezesseis) anos pode se alistar de forma facultativa, mas não está obrigado a votar, porque o alistamento e voto são facultativos e uma vez alistado apenas está apto ao voto, mas não lhe é obrigatório. Se ele não for votar não pagará nenhuma multa e estará quite com a Justiça Eleitoral. Alguns autores não fazem a distinção entre sufrágio e voto. O sufrágio é um direito público subjetivo. Está na lei eleitoral e na Constituição.

Voto igual. Significa o mesmo valor do voto para todos os eleitores. Não existem distinções por critérios discriminatórios de idade, profissão, religião, sexo e outros. A base legal do voto igual é o art. 5º, *caput,* da Carta Magna, que trata do princípio da isonomia ligado à liberdade do voto: *"todos são iguais perante a lei* [...]"

W

Watergate. Em 1974, na sede do Partido Democrático nos Estados Unidos da América, em razão de espionagem desenvolvida por adversários políticos emergiu um escândalo que acarretou a renúncia do Presidente Nixon.

Welfare state. Forma de Estado intervencionista cuja finalidade precípua é o bem-estar social.

Whergeld. Designa expressão do Direito germânico quando uma indenização era paga pelo agressor para a família da vítima. O cálculo era feito com dinheiro, rebanhos e outros bens.

Whips. Membros da Câmara dos Deputados na Inglaterra que eram encarregados pelos Partidos Políticos de fiscalizar a disciplina partidária e eleitoral. São líderes partidários.

X. Letra que significa uma quantia ainda indeterminada.

Xenofobia. Espécie de sentimento que cria repulsa aos estrangeiros. Forte índole nacionalista.

Xerocópia. Cópia que reproduz um determinado documento.

Yin-Yang. "No pensamento oriental, par de forças ou princípios complementares, que abrange todos os aspectos e fenômenos da vida, e que é representado por um círculo dividido ao meio por uma linha contínua constituída de curva e contracurva" (*Dicionário Aurélio da Língua Portuguesa*, 5ª ed. São Paulo: Editora Positivo, 2010, p. 2.187).

Z

Zadruga. Comunidade doméstica eslava similar ao *genos* grego. Na zadruga, "(...) a partilha de bens se faz por dois sistemas concorrentes: por cabeça, quando os bens forem adquiridos pelas gerações recentes; por "camadas", quando recebidos por herança de fundadores da zadruga (Cf. E. Durkheim, *L'Anneé Sociologique*, 1901-1902, p. 343 e 344).

Zerésima. No dia da votação o presidente da seção eleitoral emitirá uma zerésima, ou seja, um documento que é impresso pela urna eletrônica que comprova que não existem votos aos candidatos. Após, os eleitores podem ingressar na seção e exercer o voto. Ao final é emitido o boletim de urna. Zerésima e boletim de urna são documentos da votação que servem de prova e autenticidade.

Zona eleitoral. As zonas eleitorais são divisões de ruas e avenidas, inclusive de parte de circunscrições (espaço geográfico do Município) para fins de organização do eleitorado. Uma zona eleitoral poderá abranger um único Município; e poderá existir uma zona que abranja dois Municípios. As zonas eleitorais não exercem jurisdição eleitoral, pois não são órgãos da Justiça Eleitoral.

Zoolatria. Culto dos animais. No Egito antigo, a ave Falcão simbolizava o Deus Horus, e o Faraó acreditava que tinha poderes mágicos. No mesmo sentido, o touro simbolizava Osiris. A zoo-sociologia estuda as sociedades dos animais.

Anotações

Anotações

Anotações

Rua Alexandre Moura, 51
24210-200 – Gragoatá – Niterói – RJ
Telefax: (21) 2621-7007

www.impetus.com.br

Esta obra foi impressa em papel offset 75grs./m^2